U0634284

Staread
星 文 文 化

高效能人生

平衡的法则

〔美〕迈克尔·海亚特　梅根·海亚特·米勒——著

李桂杨——译

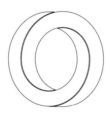

Win
at Work
and
Succeed
at Life

长江出版社
CHANGJIANGPRESS

目 录

CONTENTS

PART 3　高效能人士的成功不止一面

PART 4　约束力有助于高效的自我管理

PART 7　用优质睡眠打败低效努力

PART 8　高效的执行力助你实现人生的双赢

致　谢

注　释

PART 1

低效率的努力
换不来高质量的生活

相互矛盾的两种观点，都牢固地植根于我们最基本、最核心的价值观。这是真正两难的选择……这是真正的困境。

拉什沃思·基德尔

Rushworth Kidder[1]

为什么那么努力，却得不到自己想要的？

迈克尔

　　她的眼泪来自多年默默忍受的痛苦，每一滴都饱含着来自尘封记忆的伤害。在我家的书房里，我坐在妻子盖尔（Gail）旁边，面对着这种突如其来的状况，我有些不知所措。我知道，再多的宽慰也抚平不了她的伤痕。

　　我和盖尔已经结婚40多年了，她一直是我最坚定的支持者和啦啦队队长。但是那天下午，她压抑的怨恨和遗憾终于爆发了。我想为自己辩解，但我终究还是识相地闭上了嘴。这个时候我应该保持安静，认真倾听。

　　几个小时前，我还和我的老板坐在托马斯·尼尔森出版社（Thomas Nelson Publishers）宽敞的C套房办公室里。墙壁书架上满满地陈列着公司出版的图书。扫视着那些直立的书脊，我感到很自豪。毕竟，我和我的团队写了很多书，其中还包括几本畅销书。与此同时，我还把这个公司曾经业绩最差的部门，转变成为眼下最赚钱的部门。

不过，老板这次叫我来，可不仅仅是为了夸奖我。他把手伸过桌子，递给我一张支票——这是一笔我从没见过的丰厚奖金。我把数字默念了两遍，这比我的年薪还要多！我用了好大力气才克制住给盖尔打电话的强烈冲动，我准备当面告诉她这件天大的好事，我知道她一定会高兴坏的。

还在很久以前，我们才刚刚开始共同生活的时候，我们之间达成了一个不成文的约定：因为我们是一个大家庭，有五个孩子，开销很大，因此我负责努力工作，拼命赚钱，尽我所能养家糊口，而盖尔则负责家里的一摊子琐事。几十年来，虽然我们偶尔相互埋怨一下，但基本上还是一直守在自己正确的位置上。

我们各司其职，我去上班挣钱，拓展事业；盖尔料理家务，照看孩子。那时，我的事业几乎就是我的一切。工作日的晚上和周末，当我还要加班时，盖尔经常独自陪同孩子们。她从不在我背后抱怨我的缺席，恰恰相反，她还给孩子们解释："爸爸肯定也想来，但他现在正在做一件非常重要的事。他这么拼命工作，也都是为了我们。我们要为他感到骄傲才对。"

疏忽好像一种腐蚀剂，当你在一个方面产生了疏忽，其他方面的疏忽往往也会蔓延开来。那时候，我不仅忽略了我的家人，也忽略了自己的健康。我吃垃圾食品、无限期推迟锻炼，我还以为自己过得很好呢！

我每周一般要工作 70~80 个小时，常年穿梭在人来人往的机场，错过了太多的家庭活动。但是现在这些付出有了回报——我口袋里的巨额奖金证明，这一切都是值得的。当我再次核对这个数额时，支票上所有的"0"都像是在证明，我之前所有的想法和做法都是正确的。

当我回到家时，我已经笑得合不拢嘴。因为我的钱包是鼓鼓的。但是，出乎我的意料，盖尔正闷闷不乐……

"亲爱的，"她终于说，"我真想为你感到高兴，但我们该谈谈了。"

迎接我的既不是鼓掌欢呼，也不是"我们开香槟庆祝吧"。我惴惴不安地跟着盖尔进了书房。当我们坐下时，我注意到她的嘴唇在颤抖，看得出，她在努力让自己保持镇静。

"你知道，迈克尔，我爱你。"她说，"我太为你骄傲了。我很感激你为这个家所做的一切。但是，我现在必须要说实话，你的五个女儿需要你，你却总是不在家；即使人在家，你也是心不在焉的。"

"你的心思在别的地方。"她停顿了一会儿，斟酌了一下自己的用词，然后声泪俱下地说，"说实话，我觉得自己像个单亲妈妈。"

过度工作让你无法享受生活

当我们开启新的职业生涯，或者打算跳槽的时候，总是带有良好的动机和宏伟的愿景。没有人一开始就会想到，"我今天的选择将会疏远我的家人，让我的孩子讨厌我"，或者"我现在设定的模式，会导致自己精疲力竭"，又或者"是时候开始用我的健康换取财富了"。

相反，我们所憧憬的，是有意义的工作带来的财富、情感和社会福利。我们的选择是开放的，我们的前途是光明的。

但是，随着工作带来的压力和紧张加剧，我们许多人都掉入了"忙碌谬论"的陷阱。我们寄希望于侥幸，认为如果自己再努力一点，就能扛住所有的压力。随着工作任务不断加码，我们尝试跑得更快，我们希望能够赶上，甚至想要领先。我们只知道更加努力地工作，想把个人能力发挥到极限。但无论我们怎样做，总是忙不过来。

忙碌谬论　　　　　　　　　雄心刹车

　　我们工作的时间变长了，睡眠的时间却变短了；我们办公室里的问题解决了，家里却又出现了新的问题；我们参加越来越多的会议，却错过越来越多的聚餐、游戏、和朋友在一起的夜晚；我们计划的项目越来越大，生活的圈子却越来越窄。我们认为自己总有一天会自由地暂停脚步、放松身心，以便关注我们的健康和人际关系。但旷日持久最终还是变成"绝不改变"，我们的生活变成了安·伯内特（Ann Burnett）研究员所说的"每日马拉松"。[2]

　　面对这种枯燥的场景，有的人选择了一种完全不同的方式——他们拒绝牺牲个人健康或人际关系，主动为自己的事业减速。他们没有更加努力地去忙碌，而是给雄心壮志踩了刹车。

　　但是，这种选择也有利弊的得失考量。应用"雄心刹车"理论也许对我们的健康和家庭关系有所保障，但是可能就浪费掉了我们在事业发展方面的潜力，使我们错过飞黄腾达的机会，使我们的收入减少，同时还会有其他各种损失。减少压力和缩短疯狂的工作时间，固然有益于我们的健康和个人生活，但如果因此不能实现我们的职业梦想和抱负，又注定会消磨我们的灵魂。

梅根

我是迈克尔的女儿，迈克尔·海亚特公司（Michael Hyatt&Co.）的 CEO（首席执行官）。在担任这个职务之前，我还做了好几年的 COO（首席运营官），但几乎没有真正履行过相关职责。

在我和我丈夫乔尔结婚时，我在新希望学校（New Hope Academy）负责通联工作。这是一所位于田纳西的非营利性私立学校，以实现种族和解为使命。那个时候，乔尔还是托马斯·尼尔森公司的副总裁。

在一起几年之后，我们决定从乌干达领养两个小男孩。虽然他们还只是蹒跚学步的孩子，但已经饱受创伤。尽管这样会加重我们的生活负担，我们仍然觉得我们有能力化解这点压力。因为我们的善心会支撑我们的意志，我们可以到大众超市和商场采购生活用品以减少支出，再加上我们对孩子的爱，就能解决一切问题了，对吧？

不过，事情并没有想象的那样一帆风顺。我们从一开始就没能搞定。回家后不久，我辞掉了工作，全职照顾孩子们。但是看病和请专家的费用并不便宜，单靠乔尔的工资，我们根本付不起这个钱。所以，我还得找个兼职的工作。

正在这个时候，我父亲创办了迈克尔·海亚特公司。很快，他就需要一个兼职经理协助打理一些事务。我和父亲商量，我一周可以挤出十个小时来做这项工作。考虑到当时的实际情况，这似乎是最合适的方案了，所以，我接受了这个职位。

迈克尔·海亚特公司像火箭一样起飞了，业务蒸蒸日上。随着公司的发展，我的十个小时变成了二十个小时，然后是三十个小时、四十个小时……随着工作时间的延长，我的工作范围在不断扩大，我的薪水也在不断增加。事实上，两年以来，我的收入增长已经超过了乔尔。于是，他辞去了在尼尔森的工作，开始做自由职业者，同时打理家里的事务。

那时，由于公司的业务增长迅速，我和爸爸终于意识到，单靠一个经理已经不能满足公司的需求，公司需要一位COO。父亲和我都相信，我能够胜任这个职位。但同时，我也意识到，这个职位的任务会比我以前做过的任何工作都要繁重。我开始犹豫：如果接受这个职位，我将无法安稳地抚养我的孩子；如果不接受，我将无法实现自己的事业梦想。这让我进退两难。

我面前有两个选择：成为一位COO，或者安稳地抚养我的孩子。当时我就是这样想的：这恐怕只能是"或者"，而非"和"，难以两者兼顾。我可以发挥我的事业潜力，作为一位公司高管，大展宏图，但我的孩子们会为此做出牺牲；或者，我也可以把主要精力转移到家里，但是我必须在我参与建立起来的公司里退居二线。我要么在工作上成为赢家，要么尽情享受生活。我面前有两条金光大道，但鱼和熊掌似乎无法兼得。

你正在错失更多更好的机会

迈克尔

多年前，我在职场上成为赢家，我运筹帷幄，逐个达成了自己的商业目标。我团队里的成员们希望取得并且理应取得更好、更高的成就。我的老板也是这样做的，他也是完全依赖于业绩才能在事业上立足。

当然，盖尔和孩子们也需要我。我也知道，"人生赢家"还包括其他值得我关注的领域：健康、朋友、爱好，以及其他的生活追求。这些都能使一个人全面发展。工作和生活之间，不可能只存在像撞车、刹车这样的选择，一定还有更好的解决办法。

当面临两难的选择时，聪明的做法是寻找第三种方案。

书房里的对峙已不是第一次了，对工作的狂热使我的婚姻出现了问题。我将在下一章分享另一个故事。但是，盖尔含泪的抗议，是迄今为止最令我震撼的。我不单要找到问题的所在，还要找出解决的方案。

我开始问自己：还有没有别的不会让我的事业或者家庭前功尽弃的办法？一个不至于给我留下一生潦倒、健康堪忧、财务危机以及家庭破碎的办法。要是我能在工作上成为赢家，又能够在生活中取得成功呢？通过好几年的研究、实验和自我探索，我终于发现了第三个令人难以置信的选择，我称之为"双赢"。这就是目前我们公司的宗旨，也是这本书所要阐明的主题。

我们不会因为跑得更快或更慢而改变人生轨道。正如安迪·斯坦利(Andy Stanley)所说："把你带往目的地的是方向，而非意图。"[3] 我们必须想象一个不同的目的地，然后改变我们的路线，最终到达那里。

梅根

幸运的是，就在我考虑接受COO的职位时，我参加了一个会议。其中一位发言人也是CEO，执掌着一家非常成功的企业。和我一样，她也是几个孩子的母亲。她替我描绘了一幅不同的画面。她说："在我的工作中，没有什么重要的事情是不能在早上八点半到下午三点半之间处理完的，这样我就可以回家和孩子们在一起，而且不会影响到我的工作业绩。"

这是我第一次从一位女高管那里听到这样的观点。她揭示了一种新的可能性：我不必每周工作50多个小时，也不必忽视我的孩子，照样可以当好一个COO。我豁然开朗，这正是我在寻找的第三条路。

　　我对父亲说，我可以接受这份工作，但是有一个条件：我必须在每天下午3点钟就放下工作，离开办公室去学校接孩子。我想要成为那个在学校门口跟他们打招呼的人，想要有个时间段完全专注于孩子们的生活，不受电子邮件、商务短信的打扰，也不要被公务电话所纠缠。他同意了。于是，我接受了这份工作。从那以后，我就一直按照这个时间表上下班。

双赢就是，让工作和生活的关系成为互补，而非互斥。

　　它们互相补充，互相赋能。在工作中成为赢家，可以给我们带来信心、快乐和经济上的支持，这些都是支撑我们个人优先事项所必需的；在生活上成功，可以让我们保持头脑清晰、身体活力四射，可以培养我们的创造力，这样我们才能专注于那些最重要的工作。

　　这不是一个抽象的愿景，而是一个具体的、日常的现实。我们在生活中已经做到了，我们的员工、我们培训的客户也已经做到了。当然，对你来说，这也是有可能做到的，但这中间还有一个障碍。

重新定位自己的人生

工作崇拜是大多数工作狂对自己最完美的催眠，那是他们的信仰。不管是大公司还是小企业，都是如此，它们有一大批员工受其操纵。不管你是否知情，在某种程度上，数百万人已经接受了这样的观点：

◎ 工作是人生的主战场；

◎ 对工作的约束扼杀了生产力；

◎ 工作和生活的平衡是一个神话；

◎ 你应该总是很忙；

◎ 休息浪费了本可以用来工作的时间。

这些想法有些是危言耸听的，但我们可能永远不会有意识地用语言把它表达出来。如果它们被如此直白地说出来，那么肯定还会有很多人予以否认。但是，它们却像看不见的病毒一样弥漫在空气中，并且悄悄地影响着我们的思想和行动。

这种信仰体系对我们生活的影响是惊人的。从健康方面考虑，在美国，80% 的员工因为工作压力而患有种种疾病。[4] 当我们有压力时，我们习惯性地倾向于放弃对身体的自我保健，这就更加放大了问题的严重性。[5]每周工作超过55个小时的人，和那些只工作35~40个小时的人相比，患心脏病和中风的概率会增加13%~33%。[6]更不用说紧张性头痛、消化不良、高血压、胆固醇高、性欲减退、肾上腺素和皮质醇水平升高——所有这些都是由过度工作造成的。

至于人际关系呢？四分之三的美国职场人士表示，压力会破坏他们的人际关系。[7]而企业家的离婚率似乎比其他人高得多，[8]CEO们也一样。

压力极大的工作，足以使所有的人际关系都变得紧张，但主要还是长时间的工作和对工作的过分关注导致了婚姻的破裂。"这些CEO们婚姻失败的首要原因是没有时间陪伴家人。"CNN在一篇报道中称，"他们几乎一直在工作，即使没有在工作，也是在思考工作上的事情。"一位律师在报道中说："你只能结束这段关系，因为丈夫和妻子几乎过着两种不同的生活。"[9]

过度工作也会降低工作的质量、效能，并影响其他更多东西。耶鲁大学情绪智力中心（Yale Center for Emotional Intelligence）在最近的一项研究中调查了一千多名美国员工的敬业程度和职业倦怠程度，有20%的员工说，他们在工作中投入程度很高时对工作也很倦怠。他们对工作充满了激情，但也在为此苦恼。[10]

持续的压力和焦虑，削弱了我们清晰思考和做出正确决定的能力。我们的判断力会受到影响，甚至消失，导致我们犯的错误要比平时更多。[11] 这不仅仅降低了效能，还形成了一个负反馈循环系统。过度工作崇拜是一种自我强化的信仰体系，当工作过度时，我们往往会认为，只有加倍工作才能结束这一切！这就是经济学家布莱恩·卡普兰（Bryan Caplan）所说的"思路陷阱"（idea trap）[12] 的经典例子。

好的思路往往会产生好的结果，而好的结果又会强化好的思路。正如卡普兰解释的那样。反过来，不好的思路往往会产生不好的结果，并且强化糟糕的思路。"一旦你落入这个陷阱，"他说，"通常只需要常识就能脱身。但是，在人们绝望时，常识往往会缺席。"[13]

要想从过度工作崇拜中解脱出来，需要用更好的新思路来打破负反馈。这就是笔者写下《高效能人生：平衡的法则》的目的。笔者希望通过这本书，向那些已经成就斐然的成功人士提供一些难以获得的经验。接下来的篇章，不仅对过度工作提出了否定意见，而且还给出了一条经过验证的途径，我们可以遵循它来体验工作和生活的双赢。

让我们看看具体该如何做吧。

你其实可以不这么累

为什么我们不得不过度工作？成功人士用各种各样的理由来解释——有些好，有些坏，有些是工作本身的属性所决定的。

接下来，笔者将对过度工作崇拜提出有理有据的反驳，并且提供能帮助大家走出困境的实用工具：双赢的五项原则。下面是它们的概述。

1. 多面定义人生的成就

人生除工作之外还有其他领域。但是几乎所有人在追求职业抱负时，都很容易把家人、朋友、社会活动、身心健康等这些领域边缘化。过度工作崇拜掩盖了这样一个事实：只有当生活的这些领域大多数共同繁荣时，成功才是可持续的——这是一个挑战。

科技促使我们的工作时间延长，很多人在工作日的晚上和周末都仍在工作。这让其他提升生活品质的追求黯然失色，从而也降低了我们的个人生活和职业生活的质量。员工把工作做好的精神支柱，在于他们完成工作以后可以轻松享受生活。鼓励007工作制的企业文化必然会破坏这个支柱——既然工作旷日持久，为何不慢慢来呢？

生活是多维度的，成功也是。

我们相信那是真的，只是苦于没有找到摆脱过度工作、保护其他生活领域的适当途径。接下来，我们就看一下具体该怎么做。

2. 用自我约束提高创造力

在我们职业生涯的早期，没人教我们要懂得感激约束的力量。但我们的时间、财富、精力、思维宽度和创造力都有限，既然我们不能面面俱到，约束就迫使我们做出选择。我们必须决定把钱花在什么地方，怎样支配时间、金钱，等等。

通过对工作时间进行有效的约束，我们获得了巨大的收益。我们的生产力和创造力都得到了同步的提升。我们也自由地、全身心地投入到生活中，而不是终日与我们的电脑或手机相伴。特别讽刺的是，正是因为我们不愿意接受生活的约束，自我约束才会让我们不爽，成为我们的桎梏。反过来，如果我们接受约束，就可以把它转变为成功的推动力。

3. 随时校正自己的期望和重心

许多人认为实现工作和生活的平衡是一个神话，因为他们把这种平衡看作是一种禅宗式的平衡，试图让一切都达到完美的比例，进行完美的融合，一旦成功，就万事大吉。正因为这是不可能的，所以他们认为工作和生活的平衡也是不可能的。但事实并不是这样，而且这样的平衡也不是我们所提倡的。

工作和生活的平衡，是动态而不是静态的。我们可以想象一下体操运动员走平衡木，或者杂技演员走钢丝的情形，他们都在不停地对自己当前的姿态进行调整。

平衡要求我们有效地预测和处理各种变量，也要求我们有意识地权衡生活的不同领域，并着眼于让它们都得到适当的关注。这与我们的努力、兴趣、时间、才能的完美分配无关，也不是什么需要精确定量的问题，只是要求我们不要因为疏于关注且忘了时刻自省而耽误了大事。

鉴于文化传统和工作的压力，这个话题对职业女性来说更加沉重。我们也会探讨为什么会这样，以及我们能做些什么。

4. 不要把一切变得有目的性

成功人士很不愿意听到这句话。但是，我们生活中许多非常有益、休闲的活动，其实并不带有目的，或者其本身就是目的，如艺术、教育、社交、音乐、游戏等。

这个观念很难被接受，因为成功人士想要用指标衡量一切。他们认为一切都要可以量化，否则就没有意义。固然，我们天生就要追求投资回报，但并不是所有事情都必须要达成目标，也不是每件事最终都要表现为一个可以计算的投资回报率（ROI）——至少在短期内不是。

更大的问题是，很多人错误地认为，有所作为总是好的，而无为而是不靠谱的。正如我们后面将要看到的，如果我们一开始没有那么强的功利心，而是顺其自然、无为而为，就会得到意想不到的收获。

5. 重塑睡眠习惯

过度工作崇拜贬低了休息的价值。睡眠没有商业价值，对不对？事实上，甚至还有些人把它视为敌人。如果说得更直接一些，简直是把休息视为一件邪恶的事，一种为了继续工作和消费而不得不接受的生理需求。

其实，大量的证据显示，睡眠能让我们的大脑和身体恢复活力，让我们保持敏锐，并且提升我们的办事效率。睡眠不仅是提高生产力的秘密武器，也是它的坚实基础。

当我们和我们的团队睡眠不足时，会产生消极后果。对此我们感到无法理解，这是因为我们低估了睡眠的价值。深入研究后，我们发现，休息是一种很棒的技能；我们也会重新认识到，刻意休息是一件工具，它可以在工作和生活中激发和维持创造力。

这些年来，我们都为事业做出了很多牺牲。我们确信这种交易是不合算的——这还只是从我们个人生活的损失来看，更何况我们的职业表现也为此付出了代价。这么多年，我们都忽略了一点，就是工作和生活的抱负、目标必须同步实现，而很多人现在可能还在犯错。在工作和生活之间，如果我们试图以牺牲一方为代价，来换取另一方的发展，最终的结局很可能会都不顺利。

为了帮助大家实现上述五项原则，同时摆脱对过度工作的崇拜，笔者把这些原则与一个相应的练习配套，逐一向大家阐述。

当我们开始实践这些原则时，我们会看到自己的人际关系、健康，还有幸福感都得到了改善与提升，工作满意度和工作业绩也可以随之提高。事实上，我们会更有效率、更有创造力，比以前更足智多谋。

在过去的八年中，迈克尔·海亚特公司的团队已经接触了数千名觉察到自己面临着两难选择的企业老板、公司高管以及非营利组织的领导者。他们也不想为了在工作中成为赢家而放弃在生活中的成功，反之亦然。事实上，他们已经掌握了双赢原则，并且从中获得了好处。

最明显的变化是，这些领导者的收入在增加，同时工作时间有所减少；他们在事业发展和个人生活中同步取得了前所未有的成功，他们在工作中变得更加有效率，在家的时候成为称职的父母。这是因为，他们得到了一种新的方法。

接下来我们就看一下，双赢究竟能带来多么惊人的回报吧！

调转船头、拨正航向永远都不会晚。想象一下，假如我们或我们的公司是在盲目地满负荷运作，那将是一种什么样的情况？过度忙碌的生活不是因为经济上的迫不得已，而是因为我们的思路出现了混乱，我们找不到摆脱困境的方式。

全盘认同"忙碌谬论"，或者踩下"雄心刹车"，都不是最优的解决方法。其实，我们还可以让自己的思维更开阔一点：如果我们真的能在发展事业、处理妥当人际关系的同时，还有时间照顾好自己，我们的生活将会是什么样的情形？这听起来很吸引人吧？赶紧来亲身体验一下！

PART 2

工作越高效的人
越擅长调剂生活

工作使人高贵，同时也把人变成动物。

意大利谚语[1]

阶段性衡量自己的所失与所得

作为一个永不懈怠的创业者，凯尔（Kyle）创办了不少公司，有些垮掉了，有些卖掉了，有几家现在还在运转。与此同时，他曾经还为一家大型法务公司效力。这家公司市值 4500 万美元，在明尼阿波利斯、纽约、西棕榈滩和旧金山都设有办事处。他带领着一个由 365 人组成的团队，负责公司的运营、技术支持和创新。他把公司扩展到市值 1 亿美元的规模，然后把它卖给了一家私人控股公司。

为了取得这样的成就，凯尔承认自己"一门心思都在工作上"。他不仅牺牲了家庭生活，还用了生活中一半的时间来四处奔波，这导致他放弃了自我保健。

凯尔常常感到筋疲力尽、情绪低落，但是他仍然被高涨的工作欲望所驱使。当然，其中一部分原因是他想打动父亲。他的父亲年轻时，有 60%~70% 的时间都在出差，他一直跟不上父亲的步伐。终于，他到了为自己忽视健康的行为埋单的时候了。

有一天，凯尔和几个同事在佛罗里达州西棕榈滩的一家高档海鲜牛排馆用晚餐。那时候，他们正忙着推进一个大型项目。晚餐快结束时，凯尔开始觉得头晕。他从餐桌边上站起来的时候，感到天旋地转。他努力想站稳，但止不住摇摇晃晃。"当我们沿着走廊走到前门时，我摔倒了，瘫倒在地板上。"凯尔说。

他的同事把他扶起来，搀扶他上了车，然后把他送回酒店房间。一路上，凯尔的情况并没有好转。事实上，他看起来糟透了。同事们临别时约好，晚些时候再打电话和他联系，以确认他已安然无恙。可是当同事们打电话过来的时候，凯尔已经昏过去了。

他没有接电话，同事们慌了，于是说服酒店经理，强行进入他的房间。"他们发现我昏倒在浴室地板上，躺在血泊中。"凯尔说。

"我被紧急送往急诊室，并且马上被安排做了核磁共振。我无法吸气和呼气，"他说，"我记得的最后一件事是一个医生跳起来，捏住我的脸说，'凯尔，你会没事的，挺住啊！'"

三天后，凯尔被转到重症监护室。他以前一直认为，自己把"生死"二字看得很透彻，但是真正面对死亡时却不能免俗。"我承认我的生活方式是不对的。"他说，"我不喜欢这种疯狂的节奏。我把自己置于生命危险之中，这样得不偿失。好在我还有机会从头再来，我还能去做正确的事情。"

凯尔把自己逼得太厉害了，他得了支原体肺炎。他一直在服用抗生素，医生说他的免疫系统很差。那晚，当他在吃龙虾时，盘子里的细菌不仅破坏了他免疫力低下的呼吸系统，还伤了他的胃，最终导致他出血昏迷。

随着时间的推移，凯尔濒死的经历让他开始反思："我记得自己曾经有过这样的想法，'我不能错过任何事。我要和我的家人一起度过重要的时刻'。我不可能时时、事事都在，但是有些事情我真的很想在场。问题是我会不由自主地陷入我的工作之中，不能自拔，而时间稍纵即逝，三年就这样过去了。回首往事，我扪心自问：时间都去哪儿了？我把精力花到哪里去了？而且现在看来，当年那些事情真有那么要紧吗？"

化解科技带来的额外工作负担

一项关于 CEO 如何支配时间的研究表明，典型的 CEO 每个工作日要工作 10 个小时，周末则要工作 8 个小时。即使在度假，他们大多数情况下也要每天"打卡"两个半小时。研究发现，CEO 一周的平均工作时间为 62.5 个小时。[2] 当然，如果把下班后为工作分心的时间也算上，那这些 CEO 每天的工作时间还要多出很多。

> **现代科技已经让过度工作成为一种常态。**

韩国劳工研究所的一项研究发现，智能设备增加了下班后的日常工作时间。[3] 另一项针对高管的调查表明，智能设备使得高管们每周的工作时间增加了 11.3 个小时。还有一项针对行政人员、业务经理和其他职场人士的研究发现，智能手机使大多数人每周的工作时间超过了 70 个小时。[4]

当然，这并不意味着在这些时间里，职场人士都在专注于工作，但他们起码在跟踪工作进度。如果不在智能手机上不停地划动屏幕、输入字符和口头讲述，不利用电子邮件、短信和其他种种手段来报告、批复、及时安排事项，那么在大多数工作日的正式会议上，议题将会堆积如山。诸如此类的事情，随时都在发生。因此，70 个小时实际上已经被低估了。

哈佛商学院（Harvard Business School）一项尚未发表的研究表明，职场人士每周用于工作，或者用于关注工作的时间超过 80 个小时。[5] 别忘了，一周只有 168 个小时。这就要挤占用于陪伴家人、朋友或休息、休闲的时间，甚至连基本的商务应酬和日常生活的时间也会受到挤占。

根据 20 世纪的专家和理论家的说法，这一切都不应该发生。技术的初心是使我们免于过度工作，而不是让我们的负担更重。他们预测，自动化将为我们提供大量的空闲时间。例如，在 1930 年，经济学家约翰·梅纳德·凯恩斯（John Maynard Keynes）曾表述，人们每周只需要工作 15 个小时。"每天 3 个小时，足以让大多数人衣食无忧。"他说。[6]

1932 年，哲学家伯特兰·罗素（Bertrand Russell）说："现代技术将极大地减少生产生活必需品所需的劳动量。"他认为，人们每天只工作 4 个小时就可以过得去。罗素在之后的 10 年里，多次说过类似的话。[7]

从 1910 年开始，许多作家和评论家都开始设想，人们每天的工作时长不会超过 6 个小时、4 个小时、3 个小时，甚至不超过 2 个小时，人们唯一的烦恼是如何打发多余的时间。1932 年，化学工

设想中，我们会用现代科技做什么。

实际上，我们在用现代科技做什么。

程教授克利福德·弗纳斯（Clifford Furnas）说："你的工作不过像一件家务琐事一样轻而易举，兴趣和爱好将消耗你大部分的精力。怎么办？如何解决麻烦？"[8]

这种观点在第二次世界大战及以后很长一段时间里一直存在。在 1962 年首映的动画片《杰森一家》（*The Jetsons*）中，上班被简化为每天按几次按钮。当乔治·杰森在工作了"整整 2 个小时"后从噩梦中醒来时，他的妻子简说，他的老板经营的是一家血汗工厂。[9]

当然，这部动画片的编剧们只是在拿人们对未来工作的普遍看法开玩笑。《时代》杂志在 1966 年曾经预言："到 2000 年，机器生产出的东西如此之多，每个美国人实际上都可以独立致富。"[10]

当然，预言家们错了，至少有一部分错了。从前，体力劳动者每天工作 12~15 个小时的情况司空见惯，现在大多数从事这类工作的工人，工作时间的确都减少了，但对于知识型员工、高管、经理、创意人士和其他职场人士来说，情况并非如此。这是为什么呢？

树立正向的职业观和生活观

迈克尔

在贝勒大学（Baylor University）念大四的时候，我在得克萨斯州韦科市的沃德出版社（Word Publishing）开始了自己的职业生涯。我通过应聘，得到了一个全职的市场总监的职位，这让我高兴至极。当时，沃德出版社是宗教类书籍的全球领导者，出版了诸如比利·格雷厄姆（Billy Graham）等畅销书作家的作品。[11]

不过，有一点小问题：我之所以得到这份工作，是因为我擅长推销自己。实际上，这份工作需要有营销经验，而我并没有真正的营销经验，但是现在我突然要全盘负责一家大型出版商的所有广告、销售、店内促销和公共关系，还要管理员工。

由于我资历不够，担心自己随时会垮台，所以我怕得要命。我想象着人力资源部门的头儿敲开我的门。"迈克尔，"他说，"你穿帮了！我们已经意识到你一毛钱的经验都没有，因为你根本不知道自己在做什么。给你十分钟，收拾你的东西！"这种恐惧驱使我想要努力证明，自己可以比其他人做得更好。

我有一种永不满足地追求成就的欲望，这是我与生俱来的。根据我的"优势识别器（Strengths Finder）"生成的属性文件，我最大的优势是"有所作为"。我喜欢攀登，酷爱成功，我陶醉于闯过一个关卡，再到下一个关卡的通关快感。我总是努力让这个月的得分超过上个月的数字，这意味着我要花费更多的时间。

开始那几年，我总是在凌晨5点到达办公室，直到下午6点才离开。我甚至还会因为这么早就放下工作离开而有一丝内疚。午餐，我一般是在办公室的座位上应付一下。所以，我通常每天要工作13个小时，这还不算路上开车的时间。很多时候，我要么很晚才离开办公室，要么在回家后，和家人快速吃完饭，然后自己躺到躺椅上，打开公文包，继续工作。一般情况下，星期六我也会去办公室。

　　我每周工作70~80个小时，有时会更多。但我最终适应了艰苦的步伐，或者说，我是对艰苦变得麻木了。我老板很喜欢我，他赞赏我的职业操守，给了我需要的薪水，而且很快就给我升了职。当然，职务的晋升又带给我更多的责任，使我压力倍增，并且进一步增加了我的工作时间。

　　当我被驱使着成为成功人士，并且享受职位带来的薪水和福利时，盖尔一直在"单打独斗"，一个人耐心地管理着家庭。当时，我们有两个小孩，她真的需要人帮忙。她希望我们不仅仅像是两艘擦身而过的夜航船，她想我们一起在晚餐上多逗留一会儿，坐下来聊聊白天的事；或者晚上一起散散步，像寻常夫妇一样处理一下生活琐事。

　　日子就这样一个月一个月地消逝。随着时间的推移，我们都发现，自己变得越来越容易发火，言语越来越刻薄，彼此间也越来越没有耐心。一天晚上，事情终于发展到不可收拾的地步了。"你知道吗？"我爆发了，"我认为这真的是你的问题，你就是一个破坏者。"

　　现在想起这事，我心里还是很难受。但当时我还是没完没了："你必须得去看心理医生，把你自己的情况搞清楚，这样才能把问题解决掉。"我说，而且还补了一句，"钱由我来付。"我要妻子向心理医生求助，而我自己则每周连续工作 80 个小时，其实我才是那个需要检查一下心理的人！

在心理咨询师 P 医生那里治疗几周后，一天晚上，盖尔回来说，P 医生想在下一次预约时见我。"这是你们需要处理的事情，"我很不耐烦地说，"我只是个旁观者。"

我想知道他们能不能把谈话录下来，这样我在上下班的路上听磁带就可以了。"我没有时间耗在这上面，你知道我在工作中花了多少时间，对吧？我要想尽一切办法让自己事业有成，而这一切都是为了我们。"每一个工作狂都这么说，他是为了别人。

"我明白，"盖尔毫不畏惧地说道，"但是他真的很坚持。他认为除非你愿意参加，否则我们无法解决这个问题。我不会给你录音，那样是行不通的。"

我终于屈服了。我开始了和 P 医生的第一次会面。这是改变命运的一天。下班后，我直接开车去了咨询师的办公室，这时盖尔已经在那里了。在经过最初的一阵寒暄之后，P 医生让我向他讲讲我的过去。我说得越多，就越觉得舒服。没有我想象得那么糟糕，我早该知道的。

"迈克尔,"P医生最后问道,"你说说自己为什么这么有动力?"

这个问题让我始料未及。而且,他一下子就切中了要害。我恍然大悟,我是为了追求自己的野心,丢开了盖尔。我开始哭起来。我可能骗过了盖尔,但我没有骗过P医生。我们婚姻中出现了问题,但不是盖尔的问题,是我的问题。

我为什么会把自己逼得这么紧?这个问题振聋发聩,在我脑海里久久回荡。对失败的恐惧是最初的原因,这我知道,但是肯定还有其他原因。我并不一定要追求财富,真的,但是我必须要养家。我严重低估了养孩子的花销。我每次转过身,盖尔都理所当然地要更多的钱。我发现自己只有不断地努力工作,才能"领先鳄鱼一步"。大多数美国家庭不都是这样的吗?

答案应该更加深刻。

我连续几个星期到P医生的办公室进行咨询。我逐渐了解到,这个问题产生于我十几岁的时候。要想完整地叙述这个故事难度有点大,简而言之,是我从一个非常亲近的人身上感受到了非常强烈的失望感，甚至是被欺骗的感觉。作为回应，在我内心深处的某个地方，就有了害怕失败和追求完美主义的潜意识，我默默发誓：我要做出一些不同的事情，成为更好的自己。这成了我生活的驱动力。

这个潜意识在我的"操作系统"中植入了一个木马程序，它在后台悄悄地运行，不露痕迹。大多数时候，我甚至没有注意到它。但是，它塑造了我的思考模式、我的存在方式和我在各种情况下的表现——尤其是在工作方面。

感谢盖尔和P医生，现在我知道了，我可以重新编写自己的"代码"。我十几岁时的被动承诺已经不再有效，过期作废了。我年轻时所承受的一切，没有必要在成年后以工作狂的身份来补偿。我曾经把过度工作当作一枚资历勋章来佩戴，现在，我终于认识到，这是一种病态。

可以这样说，和P医生的那些会面，让我从过度工作崇拜中挣脱出来。不幸的是，我花了好几年的时间才最终挣脱了它的羁绊。

和凯恩斯这样的未来主义者和预言家的设想不同，对于今天的许多人来说，过度工作似乎是一种持续的诱惑。这是为什么？

正视造成过度工作的 7 个原因

我们为何过度工作？	
·工作会让我们着迷	·状态和价值信号
·个人成长和身份认同	·心比天高
·心流体验	·"跑步机"效应
·可确定的胜利	

根据笔者的经验和研究，过度工作的原因有很多，有些甚至是工作本身所固有的特性。因此，如何避免因过度工作导致人生滑坡，可能比我们想象的更为棘手。以下原因并非详尽无遗，但确实可以帮助我们更好地认识自己所面临的挑战。

工作会让我们着迷。在整理了一个从早上五点半开始的工作日程表以后，《经济学家》的高级编辑瑞安·埃文特（Ryan Avent）解释了他是如何在家庭和办公室之间穿梭的。他把每天早上和晚上的时间腾出来给孩子们，只在其他时间处理工作：写作、编辑和阅读。"我一直努力地、执着地、废寝忘食地工作，"他说，"我现在才明白，就像一个笑话——工作会让我们着迷。"[12]

我们终于明白了。原来，我们沉迷于工作，是因为热爱我们的工作。笔者认识和辅导的大多数高管、企业家和其他职场人士也都热爱他们的工作。这是未来学家们没有想到的，人们确实会在工作中享受到乐趣。

埃文特承认，大量工作都是"艰苦的、吃力不讨好的"。但他同时指出，对于从事知识型工作为主的人而言，许多耗费体力的苦差事已经被淘汰、付诸自动化或外包。他说："因此，我工作的整个过程——我们这些幸运的少数高薪专业人士每天所做的工作，是精英之间携手合作，同时解决复杂的、饶有兴味的问题——让人着迷。而且我发现，我可以把数量惊人的时间投入其中。"[13]

他承认，自己没有考虑到家庭、爱好、休闲等最起码的生活需求，因而形成了这样的人生格局。如果我们仅凭初步的印象，还会觉得他把这个问题处理得很好。不过，正如我们所看到的和将要看到的那样，对很多长时间工作的人来说，情况并非如此。

工作让人着迷，这个特质不应该被轻描淡写。即使我们不喜欢某些任务自带的压力和苛求，我们也会喜欢和重视圆满解决问题、按时完成任务、结束项目、提交报告和交付产品时带给我们的快感。

"顶尖的专业人士是这个时代的大师级人物。"埃文特说，"我们设计、制作、打磨和改进，锉去粗糙的棱角，润饰文字、数字、代码或任何我们选择的材料。在一天结束的时候，我们可以坐下来欣赏我们的作品——竣工的产品、达成的交易、运行的应用，就像昔日工匠们做过的那样。"[14]

个人成长和身份认同。我们在单独或者和伙伴一起解决难题时，会产生心理满足和成长的感觉。凯恩斯和其他人也低估了这一点对个人的吸引力。哥伦比亚大学教授埃德蒙·菲尔普斯（Edmund Phelps）说："凯恩斯没有意识到创新（创造性地解决问题）在职业生涯和个人发展中所发挥的刺激作用。"[15]

如果我们认为工作主要是为了单纯的满足温饱和其他生理需求，那么我们就是在自欺欺人，因为它同时也满足了我们深层次的心理需求。我们会不断努力，提高马斯洛（Maslow）的心理需求等级。不管有没有意识到这一点，我们大多数人都是通过工作来追求自我价值的实现。正如菲尔普斯所指出的，一段时间以来，职业一直是人类这一基本心理需求的主要背景。

哲学家阿兰·德波顿（Alain de Botton）说："工作具有满足我们心理需求的魅力，使我们产生了对工作的挚爱……这正是生命意义的主要来源。"[16] 我们可以争论这是好是坏，但是对这个事实进行辩论是毫无意义的。我们最好能够意识到，如果我们没有意识到风险，事情就会走向反面，而且会伤人。

随着工作压力的增加，我们会通过锻炼我们的智力、扩展我们的能力、测试我们的情感耐力来做出回应，这具有强大的吸引力。虽然我们在工作上花费了额外的精力，这可能会削夺我们对家人和其他人的精力，但我们为自己的努力倍感欣慰。我们认为自己应该为已经有所成就而活，也为了能够有所成就而活。

> 赢的感觉真好，但是稍不留神，我们就会为了追求
> 这种快感而损害其他需求，从而引发各种各样的
> 危机。

心流体验。埃文特把取得成就的喜悦，尤其是当我们享受挑战时所进入的状态与过程本身联系起来，这就是心流（flow）。"心流"这个概念是心理学家米哈里·契克森米哈（Mihaly Csikszentmihalyi）创造的。他解释说，心流的体验来自清晰的、具有挑战性的目标，这些目标需要我们用尽全力去思考、去努力才能实现。在心流状态

下，我们完全专注于手头的任务，被这些事务以及它对我们的需求所吸引，感觉不到时间的流逝。[17]

这并不适用于所有的时间和场合。有时，如果我们的能力难以胜任所面对的项目，我们就会担忧、焦虑，甚至恐惧。反过来，我们也可能会拿到一些完全不会让我们紧张的任务，在这些情况下，我们又会感到厌倦和无趣。[18]

两种极端都会产生反例。契克森米哈指出：许多受访者表示，在上班时间想上厕所的次数，比一天中其他时间都多。[19]男性员工尤其如此。漫画《呆伯特》（*Dilbert*）和情景喜剧《办公室》（*The Office*）的风行就印证了这种体验。我们都曾在毫无意义的事情上一筹莫展，让经理和旁观者们摸不着头脑。我们忍不住笑了，因为这是我们的亲历亲闻。

尽管有这些不如人意的地方，但是，工作确实为我们频繁地获得心流体验提供了机会。契克森米哈的研究表明，人们有超过一半的工作时间都在经历心流过程。[20]对于那些已经将单调乏味的苦差事淘汰、付诸自动化或者外包，从而不必为其分心的人来说尤为如此。而企业家、高管、董事、创意人员和其他职场人士，则长期沉浸于诸如建立自己的商业帝国、为客户提供可称道的服务等领域，研究则表明，他们大约三分之二的工作时间处于心流状态。[21]

可确定的胜利。心流也适用于烹饪、音乐或运动等爱好。但工作之外的其他生活领域不大容易让人进入心流状态。[22]诱使我们进入心流状态的条件之一，是反馈－绩效指标，它直截了当地让我们知道自己做得是否够好。我们会在处理当前的反馈并改进工作绩效时保持心情舒畅。工作包含确定的目标，我们要利用自己的技能去推动进程，以达到这个目标；同时，工作的绩效可以通过对成绩的验收，及时得到评估。这是一个反馈系统，激励机制十分明确。在生活的其他领域则并不是如此，我们从来无法真正知道自己能够得几分，是不是比别人表现得要好。

成功人士通常都知道他们在工作场所应该怎么做。他们了解公司对员工的期望，以及满足或超越这些期望所能够带来的好处和福利。他们可以把重要的事情从任务清单上勾选出来，专注于此，然后继续下一场胜利。所以，他们在这种环境中怡然自得。

但是，家务事就不是这样了。不管我们把事情做得多么尽善尽美，也很少能像处理工作时一样，产生明显的成就感。但这并不意味着，家务事不值得我们花心思做，只是它们需要不同类型的投入罢了。社交、育儿、房屋维护、打扫卫生、安排膳食、洗衣服……

这些事情没完没了，而且有些事一点都不好玩。我们把自己讨厌做而又必须做的工作称为苦差事，是有原因的。

鉴于这些困难，我们很容易证明，把更多的时间用于工作是正当的，因为回报是明确的。"我在忙工作"可以成为逃避家务这样的苦差事冠冕堂皇的理由。漫画家蒂姆·克雷德（Tim Kreider）把这种情况称之为"忙碌陷阱"，员工们会沉迷于忙碌，并且害怕"如果闲下来，不知道自己将会面对什么"。[23] 尿布、盘子、地板和狗都在发出召唤，这些琐事不会因为我们"眼不见为净"就消失了。在经常过度工作的状态下，我们花在这些家务琐事上的情感能量更少，无意中也让它们变得更加不受人待见。该由谁来做这些吃力不讨好的苦差事呢？当人们把性别也考虑进去时，就会发现惊人的差异和区别。我们将在第五章中对此进行探讨。

状态和价值信号。"你最近怎么样？"有人问我们。"忙死了。"我们回答。这是一种表明我们地位和价值的方式——当然也可能仅仅是为了博取同情所采取的姿态。

"压力让美国人觉得自己很忙、很重要和被需要。"《国家评论》（*National Review*）专栏作家弗洛伦斯·金（Florence King）说，"同时又感觉自己被剥削、被忽视，成了受害者。压力使他们感到有趣和复杂，而不是无聊和简单。它使人们携带着一种敏感的人设，就像旧世界时认为贵族非常高傲的人设一样。简而言之，压力已成为一种身份的体现。"[24]

金是在 2001 年说的这句话。2017 年的时候，一项由三位研究人员进行的研究，证实了这一判断的正确性。他们发现，在社交媒体上"谦虚地吹嘘"自己长时间工作的人，往往是在暗示他具有较高的个人地位。把忙碌和更高的阶级联系起来的看法，产生了"长时间忙于工作、日理万机的人，其人力资本的价值更高"的推论。研究人员总结道："这反过来又增加了人们这样的认识，即这个人属于出类拔萃的紧缺人才，是人力资源市场上的抢手货，最终导致其身份归类更加趋于正面。"[25]

学者安·伯内特也注意到了类似的情况。她研究了数千封假期信件，这是许多人一年一度的例行公事，主要向家人或朋友通告自己某一时刻所发生的事情。她看到忙碌的字眼一次又一次地出现。"我们忙，忙，忙……"一封信写道。另一个人则说："我们的日程安排一直都很紧张，但现在更疯狂！"伯内特注意到，人们似乎总是吹嘘自己有多忙、有多紧张、有多讨厌自己事务缠身，仿佛人生是一场竞技赛，就像莎莉的本垒打和蒂米被常春藤大学录取一样值得被称赞。"我的天，人们在争着晒自己忙碌的景象。"她说，

"这是为了显示地位。"[26]

把事情做好的声誉是有客观价值的，保持忙碌的光环向同行和更高阶层传达了我们的价值，是培养声誉的一种方法。谁不想被他人需求？谁不想成为抢手货？如果它能使我们晋升，当然就更是如此。

心比天高。就像所有过度工作的原因一样，忙得不可开交是老板和我们自己所期待的，这不知不觉变成了一种自我强化。

梅根

大约 15 年前，我搬到了一个新的城市。我接受了一份新的、压力很大的销售工作。没过多久，我就开始出现与压力相关的症状，消化系统也持续出现状况，我一直感到恶心。但是，我并没有压缩我的日程安排，反而加倍努力地工作。不管我的身体状况如何，我都要去上班。我觉得我别无选择——失败不是一种选项，所以我必须努力表现自己。我想让我的新老板看看，他雇了一个出色的员工。

在我意识到事情的严重性之前，记得有好几个星期，我去上班的时候，会在汽车座位旁的杯架上放一瓶碱式水杨酸铋。为了减轻我的痛苦，我真的是在开车的时候直接从瓶子里喝这个药。很久以后的医学检验结果表明，这是一种由压力引起的严重健康问题：我被诊断为患了一种非病原性的肠道炎性疾病——克罗恩病（Crohn's disease）。

我病得很严重，情况越来越糟。在一次家庭度假期间，病情终于恶化，我不得不去看急诊，还动了手术。压力对我的身体造成了巨大的伤害，因为得了这个病，我花了大约一年的时间来进行高强度的康复。这都是因为我要求自己必须努力完成工作量，从而无视了那些早期的身体症状。

当然，致力于保持自己杰出员工形象的，不仅仅是个别员工。当我们开始涉足公司的地盘，我们就进入了现有的业务环境，这些业务环境可以使员工把公司的目标作为全部的生活核心，同时牺牲个人的优先事项。老板本人通常信奉"过度工作"，他们希望员工与自己的工作热情保持一致，他们更希望员工全天 24 小时在线，随叫随到。

杰克·韦尔奇（Jack Welch）曾经担任通用电气集团的 CEO，他是公司的旗帜性人物。他经常在周六加班。他解释说："我觉得这样的周末过得很愉快。我从来没有想过，如果不待在工作岗位上，我能去哪儿呢？"[27] 因此，通用电气即使从来没有明确规定，要在工作日的夜间和周末加班工作，实际上这也成为公司上下的一种默契——如果你想晋升或者保住你的饭碗，你就必须全力以赴。最后，恐惧也成为过度工作的强大动力——不仅担心你会在考核中被判定为不合格，还担心你不能按时完成工作量，尤其是按日安排的工作量。

当我们处于过度工作状态时，我们可能看起来像是明星员工，也许一夜成名。我们可能会说服自己，在某一时刻被如此驱使是会有回报的，只要我们能交出成果——或者至少表面上是这样，就会感觉一切都很好。但是，桥已经断了，我们看不到前方的麻烦。

"跑步机"效应。因为工作是为了实现目标，所以这也是一种自我挫败的方式。每个任务都在两种意义上终结——一个是工作内容结束了，达到了预期的工作目标，事情终于做完了；一个是工作时间结束了，我们再也不需要为这个工作投入新的时间。大功告成，这是好的一面。糟糕的一面是：接下来的时间，我们将无所事事。本笃会（一个由意大利修道士圣本尼迪克创建的天主教派）修士大卫·斯坦德－拉斯特（David Steindl-Rast）长期关注心灵和科学的问题，他有一个关于工作带来幸福体验的灵魂拷问："一旦车修好了，又如何继续修？"[28]

当我们从工作中获得如此多的乐趣、满足感以及意义时，完成工作的体验是好坏参半的。对于成功人士而言，完成一个目标或项目时的状态可能是：一半兴奋，一半落寞。我们的乐趣、满足和意义的来源，在我们结束工作的那一刻就蒸发了。

"对这些计划来说，成功只能意味着停止。"[29]哲学家基兰·塞蒂亚（Kieran Setiya）说。随着工作完成后快感的消退，我们感到失落。如果工作是我们乐趣和意义的主要来源，那么工作的消失，可能会令我们感到空虚或沮丧。因此，显而易见，我们马上要做的事情是，找到另一个目标并启动另一个项目。这样，我们最终走上了"跑步机"，摆脱失望，创造成就。当我们取得成就时，成就又再次变成了失望。周而复始，永无宁日。[30]

工作本身就包含着让人为之献身的机制，它裹挟着我们向前走。考虑到我们从工作中获得的全部积极的东西，这是一件幸事。但是，如果我们想要通过工作去获得工作无法提供的东西，我们最终会感到失望和疲惫。

对过劳且低效的人生说"不"

诚然，上述这些理由也并非详尽无遗。我们过度工作，还有很多个人、文化和制度上的原因。但是，更重要的是，我们应该注意到，工作本身就包含着各个方面，并且具有诱导我们过度工作的特点。这和人们有时会过量食用酒精、食物，过度运动或对其他任何好东西不知节制一样，并没有什么特别之处。除非我们警惕风险，否则，我们很容易掉入过度工作的陷阱，然后影响到我们的身心健康、家庭、社会生活等方方面面。

即使我们懂得再多，有时也难以抵抗诱惑。美国国家公共电台的大卫·肯斯滕鲍姆（David Kenstenbaum）对约翰·梅纳德·凯恩斯的两位家人进行了跟踪采访，他们都承认自己经常性地过度工作。具有讽刺意味的是，凯恩斯自己也过度工作。"他的妻子对此非常生气，"一位亲戚告诉肯斯滕鲍姆，"她花了很多时间试图保护他免受自己的伤害……归根到底，还是他不会说'不'。""他会死于过分努力，"有人说，"你知道，他已经心力交瘁了。"[31]

当伯特兰·罗素对未来做出预测的时候，注意到了这种趋势。他说，我们选择了过度工作，而不是让自动化减少工作量。"在这一点上，我们一直很愚蠢。但没有理由永远蠢下去。"[32] 他的观点值得我们深度体会一下。

在本章一开始，笔者提到了客户凯尔，他如今已经与众不同。他加入了笔者的培训计划，学到了另一种更好的方法。他告诉笔者，一个小小的改变就为他带来了莫大的好处："作为团队负责人，我的团队再也不会在周日上午 6：00 收到我的电子邮件，他们也没有义务在工作日的晚上和周末回复我的邮件，而且我也不会在这个时候联系他们。他们和我一样，内心都有一种更强的平和感，一种宁静。当我们不上班时，我们不必担心工作。团队非常喜欢我们的新规范。"

我们比想象中更能支配自己的日程，尽管我们可能不知道或否认这样的事实。有时候，与其和客户或老板进行艰难的对话，倒不如揽下更多的工作埋头干活，这反而要轻松得多。除此之外，与做一个诚实的自我评估或者放任自己相比，过度工作会令我们对职业生涯的危机感更小。P 医生提出了几个很好的问题。问问自己：

◎ 为什么我如此有动力？

◎ 我是否为了获得他人的认可或赞赏而过度工作？

◎ 我这样长时间地工作是为了躲避我的爱人或孩子吗？

◎ 我为什么不把别人能做也应该做的事情交给别人去做？

◎ 我的工作稳定吗？或者我害怕如果不超时工作，我可能会被一个看起来更有事业心的人取代吗？

如果你开始问这些问题，其他的问题可能也会浮出水面。你的答案可能就会让你大吃一惊。

有时，我们宁愿生活在自我否定中，选择留在"跑步机"上。工作以外，我们人生的其他方面可能不那么有趣，提供的心流式体验的机会比较少，个人的意义也很小。过度工作的情感回报——乐趣、心流、意义，可以让注意力从这些冗余的生活中转移出来。但不管我们是基于什么原因才把工作凌驾于生活的其他领域之上的，想要找到并恢复平衡，永远都不会太晚。

在本书的开头，我们讨论了过度工作崇拜的错误信条。而在本章中，我们谈到了它如此强大的原因。在接下来的五章中，我们将探讨双赢的五项原则，并讨论如何摆脱困境。

PART 3

高效能人士的成功
不止一面

我开始琢磨为什么成功……意味着事业成就凌驾于一切。

安妮 - 玛丽 · 史劳格
Anne-Marie Slaughter[1]

原则 1

多面定义人生的成就

追求工作以外的成就感

埃隆·马斯克（Elon Musk）是汽车制造商特斯拉（Tesla）的CEO，同时也是 SpaceX 的 CEO，该公司致力于向火星移民。除了这些市值数十亿美元的公司之外，他还经营着其他一些重要的业务。[2] 截至笔者撰写本书时，这个 48 岁的"年轻人"的净资产为410 亿美元，在全球富豪排行榜上排名第 22 位。[3]

像马斯克这种有远见的人，理所当然如众星捧月般引人瞩目。毕竟，我们钦佩他的雄心壮志，以及他一心一意地致力于实现梦想的胆识。许多企业领导者，也许包括你，都想以他为榜样。但是，当我们开始做这样的努力时，就会遇到一个严重的问题。

是的，马斯克是天才，不过他也是"过度工作崇拜"的魔头。例如，马斯克建议企业家"要非常坚韧，并且要开启地狱模式来工作"。[4]他建议工作时间达到"每周 80 到 100 个小时"。这听起来像是地狱模式，可是否有回报呢？

马斯克说，我们应该这样做，因为这样我们完成的工作量可以是每周只工作 40 个小时的人的 3 倍。[5]但是生产力研究的结论却恰恰相反：地狱模式的工作时间会使我们的生产力下降。这些额外的工作时间确实增加了火箭发射的数量，但是，如果涉及我们的身体健康、人际关系和幸福感，后果可能是灾难性的。

当工作成为人生主要的存在方式时，人生的其他方面就会被边缘化。

马斯克的第一任妻子贾斯汀（Justine）说："埃隆痴迷于自己的工作，即使他身体在家，心思也在另外的地方。"她感到被忽略和漠视。"我渴望进行深入而真诚的对话，渴望耳鬓厮磨和心有灵犀。"她说，"我为他的职业生涯牺牲了一个正常的家庭。"[6]他们有五个儿子，但婚姻只维持了八年。

马斯克的儿子们也经常被他忽视。"实际上，我不怎么和我的孩子们交流感情，"马斯克承认，"我和他们在一起的时候，仍然在收发和阅读电子邮件。我可以和他们待在一起，同时也不会停下正在进行的工作。"[7]

那么，为什么马斯克在和孩子们在一起的时候，要开启多任务模式，而不是全身心地投入呢？他说："如果不这样，我就无法干完我手头的工作。"[8]如果工作填满了生活的每个角落，就会出现这种情况。马斯克的睡眠时间一直很少。在特斯拉最卖座的车型Model 3生产的关键阶段，他经常睡在总装厂的沙发上，而不是回到家里在床上睡觉。他的粉丝甚至还发起了一场众筹，为他购买了一张更舒适的沙发。[9]

从马斯克的生活中，我们可以清楚地得出一个结论："忙碌谬误"会导致对自我的忽视，并且在人际关系上只给予最小的投入。在两次失败的婚姻之后，马斯克一定也感觉到失落，他常常自言自语："我想多花一点时间约会……我需要找一个女朋友……女人每周会消耗我多少时间？大概十个小时？那不是最低限度吗？"[10]我们不是人际关系专家，但我们怀疑，对一生的浪漫只肯给予最吝啬的付出，怎么会是一种正确的方法。

马斯克无疑是一位杰出的创新者，他的远见、他创造的产品令人钦佩。也许他的艰苦卓绝最终会给他带来他想要的。但关于他长期忽视健康的行为会有什么后果，目前还看不到答案。即使他是一个罕见的例外，他可以愉快地忽略自己的生活，他的团队也可以吗？或者眼下对我们而言更重要的是，我们可以做到吗？我们的团队可以做到吗？

我们需要不断提醒自己，工作只是你人生定位的众多方式之一。人生是多维的。只有当人生的大部分领域共同繁荣时，成功才是可持续的。有人认为，和短跑及冲刺一样，为了在工作中抢占先机、有所突破，不妨承担一些身体的损耗。但是作为一种生活方式，它的代价昂贵。我们也许会在工作中成为赢家，但同时会在生活中遭到失败——而这会产生反吹效应，使我们的工作也陷入困境。

平衡的法则：均衡工作和生活的时间比重

梅根

当我 10 岁的时候，我真的非常想骑马。由于我们家没有马，财务上也承受不起这种昂贵的兴趣消费，所以我和父母达成了一项协议：如果我可以找到一个人，同意我用帮忙打理马厩的劳动来作为换取骑马的条件，妈妈会把我带到这个地方。对于骑马我非常有动力，于是拿起报纸，到分类广告版去寻找一个愿意接受用打理马厩为条件出让骑马资格的人。

事情很快有了结果，一位乡下老太养了一匹美丽的白马，她没有能力照料，所以非常愿意让我去她那里练习骑马。作为交换，在此期间，这匹马由我来照料。协议达成之后的几年，我一直在努力完成骑马小跑、慢跑和疾驰的训练，到十几岁的时候，我觉得终于可以展示一下自己的训练成果，便迫不及待地想参加一场真正的马术比赛。

比赛的日子一天天临近，爸爸却正忙于启动一项新业务。我最在意的盛大活动，爸爸却不在场，这让我非常不开心。更糟糕的是，表演期间，我的马意外地在舞台上炸毛了，直到把我掀下马背才停下来。我被重重地摔到地上，这造成我的尾椎骨破裂。我记得是妈妈陪着我，一起坐着面包车回到家。这个时候我最需要爸爸的鼓舞和安慰，但他不在，他也并没有到现场为我加油打气。

稍感欣慰的是，爸爸还不至于缺席真正重要的场合，比如我的毕业典礼。但坦率地说，我不开心，甚至感到尴尬，因为他把"孩子们的事情"全部推给了妈妈，因为他没有参加有关我的日常活动，比如每年的家长会。从孩子的角度来看，无论你的理由听起来多么冠冕堂皇，本人不在现场就是没有用的。

这期间，我父亲的选择表明了他对"家人"含义的理解非常狭窄。我们想要的只是让他在场——在吃饭的时候、在睡觉的时候、在假期中。虽然父亲不得已要努力实现家庭财务的收支平衡，但这并不是最重要的事情——至少对我们这些孩子来说不是。我们只是希望他与我们共度时光，出现在我们的世界中。

因为爸爸不在，妈妈被五个孩子淹没了，所以我成了事实上的第三位家长，帮忙打扫卫生，照顾我的姐妹，甚至要教最小的妹妹使用便盆。妈妈变得过于依赖我，以替补我父亲，做原本属于他分内的事情。实际上，我非常聪明，14岁那年，为了帮助杂货店采购，我就在田纳西州获得了未成年人受限类驾照（Hardship Driver's License）。你能想象让一个14岁的孩子开车吗？

现在，作为一个已经有孩子的成年人，我尝试从不同的角度去理解父母的选择。养家糊口的财务压力可能会让人崩溃，这个不管是从理论上还是经验上都可以理解。虽然明白了这一点，但我仍然不认为我父亲是个合格的父亲，我是个合格的母亲，我先生是个合格的父亲。和我父母一样，我们也有五个孩子，我可以确定，通过选择放弃半数以上的生活来解决工作与家庭的矛盾，肯定不是正确的答案。

工作只是生活的众多领域之一，虽然我们的计算方式不同，但至少还有另外九个领域。

生活的十个领域：
① 精神　② 智力　③ 情感　④ 生理　⑤ 婚姻 / 浪漫
⑥ 亲子　⑦ 工作　⑧ 文娱　⑨ 财务　⑩ 人际关系

每个领域都很重要，它们交互影响。如果在工作中承受压力，就会影响家庭关系；如果健康状况不佳，就会影响工作；如果不理会财务状况，那么就会没有房子可住。我们需要同时关注工作以外的世界。事实上，如果我们不这样做，那么在工作上的赢面也是不可持续的。同样，如果我们本能地感觉到一个或多个生活领域不同步，那么，逃避这个问题只会使情况变得更糟。

让"轻松"成为人生的主旋律

要判断工作是否是你的主要存在方式，最简单的方法是检查你自己对人生的其他领域的关注程度。你每天、每周在精神、知识和情感上花费多少时间？你是否会为你的健康、你的配偶、你的孩子、你的朋友腾出时间？你上一次拥有爱好是什么时候？

我们已经看到了职场人士工作的时间量。按照这些人的时间分配方案，生活中的许多其他领域被推到一边，也在情理之中。例如，美国疾病控制与预防中心（Centers for Disease Control and Prevention）发现，只有不到四分之一的美国成年人能够保持足够的运动。[11] 只有大约四分之一的员工休年假，大约有百分之十的员工完全放弃带薪假。[12]

即使我们抽出时间离开办公室，移动办公也会跟着我们，如影随形。一项对 1000 名美国员工的调查发现，超过一半的人在陪同家人外出时，会检查他们的公务电子邮箱，每 10 个人当中有 4 个会在晚餐的餐桌上检查电子邮箱。[13] 有三分之二的员工表示，他们在度假时仍然在处理工作上的事情。[14]

有趣的是，往往白领阶层工作的时间最长。凯恩斯和未来主义者对自动化减少工作时间的预测是正确的，但减少幅度最大的是服务部门和低技术工人，拿现在与 1965 年相比较，专业人士的工作时间基本相同，或者现在更多了。[15]

经济学家罗伯特·弗兰克（Robert Frank）回忆起一次在一位亿万富翁的家中共进晚餐的经历，在场的还包括几位风险投资家和技术工程师。"在我待在他家里的 2 个小时中，他打了 6 个电话，发送了 18 封电子邮件，并酝酿了 2 个新的商业想法。"弗兰克说，"晚饭结束时，他喝下最后一口酒，说道，'能在家里轻松地享用晚餐，真是太好了。'我笑了。他可不是在开玩笑。"[16]

选择"轻松"这个单词很有意思。回到上一章中讲到的过度工作崇拜的原因：工作很有趣，它有明确的胜利方式，它是我们享受个人生命力和成长经历的场所。

成功人士完全有条件根据自己的激情和熟练程度，量身定制适合发挥自己长处的工作。对于这类社会精英而言，工作可以是在一个非常享受、愉悦、舒适的场景中。这正是这些人引以为豪的地方。因为与其他领域相比，工作反而显得更轻松，因此我们可以理解为，他们生活的其余部分相当枯燥且时间短缺。工作成为我们身份的皈依，或者说主要的精神家园，就像宗教一样。[17]但是，有意义的工作和有意义的生活之间，有着很大的不同。俗话说得好："只有工作，没有娱乐，让杰克成为一个愚蠢的男孩。"这里面有真正的智慧。如果我们不偶尔停下来磨刀，刀就会慢慢变钝，用它来工作时，就需要付出更多的努力，才能取得相同的效果。

对于我们的自身健康需求以及更加平衡的生活方式来说，也是如此。如果我们对过度工作不加约束，短期的工作胜利，往往会以牺牲长期的生活优先权为代价。工作上成功的可持续性，取决于追求工作同生活的其他领域的共生融合。但是，尽管我们尽了最大努力，想要做到这一点仍不容易。

做到三件事，更快获得成功

有时候，感觉就像我们的日程在支配我们，而不是反过来的那样，我们如何才可以把该做的事情都做完。毕竟，能者多劳，我们的工作量在不断增长。我们虽然也有给个人优先事项分配时间的意向，但实际情况是，碰上必须要做的工作，就只能为之让道。

我们过度工作的主要原因是，我们不清楚哪些是最重要的、非做不可的事情。结果，我们事无巨细、面面俱到，而不是专注于一些不可让步的事情，即我们的自我保健、需要优先处理的人际关系和职业成就。作家查尔斯·胡默尔（Charles Hummel）说："我们遭遇的困境比时间紧缺更严重，这基本上是一个优先级的问题。"[18]

不可让步的三件事：

① 自我保健　② 优先人际关系　③ 职业成就

那么，我们如何保持对不可让步事务的关注呢？通过在日程表上勾出必需的时间。这样，即使在新的需求不断增长、五光十色的诱人主张不断涌现的情况下，我们也可以确保所有重要事项都不会被遗漏。如果我们不这样做，那么重要事项就会被眼前的事项冲掉。

以每月预算为例。如果我们不提前留足偿还抵押贷款的额度，那么届时你极大可能没有剩余的款项用来偿付它。很多时候，这正是我们做过的傻事。我们最重要的事情从来没有出现在日程表上，它们反而变成了残羹剩汤，而且大部分都无人照料。但假设如常言所比喻的，时间就是金钱，答案就是把不可让步的项目编入时间预算中，这和事前安排抵押贷款的还款额度是一样的道理。这里需要注意以下三个主要问题。

自我保健。你的健康、你的人际关系、你的孩子、你的业余爱好、你的工作——所有这些生活方面的核心就是你。你是你生命中这些不同方面的全部。正如历史学家理查德·布鲁克海塞尔（Richard Brookhiser）所说："你是你面临的每个问题或者人际交往的一个维度。""你是永远不会被放回盒子里的工具。"[19]如果你没有照顾好自己，如果你的自我没有蓬勃发展，那么你对与你相关的其他维度的影响力就会大打折扣，变得无关紧要。

很多时候，我们都把自我保健视为奢侈或自私的放纵。也许你曾经对自己说："等我的孩子长大，并且可以整夜睡觉时，我会优先考虑自我保健"，或者"等新产品推出后，我就会有自我保健的空闲时间"，或者"等孩子们成人，最终离开家时，我就会有时间进行自我保健"。

这正是问题所在：永远没有理想的自我保健时间，总是会有其他需求挤占我们的时间。如果我们不与这些入侵作斗争，那么我们最终会习惯性地让步，牺牲自我保健。

自我保健是使众多工作以外的生活有意义，同时还有助于提高工作绩效的活动。它指的是能使我们的身心焕发活力的做法和习惯：充足的睡眠、良好的饮食习惯、有规律的锻炼、与我们所爱的人保持联系、高雅的兴趣爱好以及个人思考。高管导师艾米·珍·苏（Amy Jen Su）表示："我们不仅要把自我保健定义为增进身体健康，我们还应关注更广泛的领域，包括对心理、情感、人际关系、环境、时间和资源的关心。"[20]

忽视自我保健的后果是，我们的身心健康不佳，会对我们的日常表现产生负面影响。如果我们筋疲力尽或情绪倦怠，我们就无法自励或领导他人，因此，我们也无法取得客户、顾客、老板或同事所期望的结果。另一方面，自我保健有很多好处——尤其是精力、竞争优势和耐力。

我们大多数人都很难做到这一点。部分原因是，我们认为自我保健只是我们已经超负荷的任务清单上的一件琐事。这就是为什么我们发现这些最基础的生活原则其实是非常有益的。比如，你有好好睡觉吗？休息是有意义的、是完成高成效工作的基础，我们将在第七章进行更全面的探讨。目前完全可以说，没有比充足的睡眠更重要的自我保健方法。然而睡眠通常是我们的短板，也是我们在过度劳累时要做的第一件事。

吃得好呢？我们不是在这里讲饮食，我们正在谈论的是，为你的身体提供足够的养料，以便你的大脑可以运转，这样你才可以有效参与你生活中最重要的活动。大脑占人体重量的 2%，但是却消耗了人体 20% 的能量。[21]"你的大脑需要持续不断的燃料供应，"哈佛医学院的伊娃·瑟鲁布（Eva Selhub）说，"吃下去的东西会直接影响大脑的结构和功能，并最终影响你的情绪。"[22]如果饮食不好，那么你的思维活动也不会很好。

你在活动身体吗？请注意，我们不是从"锻炼"开篇的，这个词可能会让我们的话题终结。我们是只需要散散步，还是一步到位，成为健身房会员甚至聘请私人教练？如果你有这样的困扰，如果你觉得在自己的生活中很难保证持续的运动，那么不妨从午休或晚饭后的散步开始。如果有条件，再约上一个朋友。

如果你已经长期坚持运动，并且喜欢激烈的锻炼或体育活动，那就按照自己的想法去做吧。但是，如果这对你来说很难，就降低标准，比如在早晨牵着你的狗出去遛 15 或 20 分钟。研究表明，身体运动与大脑功能之间存在直接关系，即使是低强度的运动，也会滋养你的脑细胞，并且促进新细胞的生长。[23]正如一项研究所揭示的，当我们锻炼腿部时，我们就是在锻炼我们的大脑。[24]

运动降低了我们的压力和焦虑水平，同时增强了我们对自己效能的自信心。换句话说，它增强了我们可以完成艰巨任务的信念；

反过来，这又可以让工作和生活中其他方面的表现更好。这也许可以解释为什么坚持运动与更高的收益有关。芬兰的研究人员对 5000 对男性双胞胎进行了长达 30 年的跟踪调查，他们对比了久坐的人和活跃的人，得出的结论是，经常运动和锻炼能够使长期收入分别增加 14％和 17％。[25] 这说明，运动在提高你的心率的同时，或许还有助于提高你的收入。

你不可让步的自我保健项目是什么？你把它放在什么位置？帮个忙，将它们标记在你的日程表上。它们应该获得优先权，而不是用来补缺。正如作家大卫·怀特（David Whyte）所说："休息不是自我放纵。休息就是准备把最好的自己奉献出来。"[26] 那么是什么让你现在无法做出进行自我保健的承诺？

优先人际关系。就像自我保健一样，我们需要在日程表上安排我们的优先人际关系。对一个职场妈妈而言，就包括孩子们放学后的陪伴。虽然听上去有些困难，但这是不可让步的。我希望每周有 5 个晚上能够在家里，与家人共进晚餐。

关于定期在家里吃晚餐对孩子的成长影响，有一项研究成果令人信服。"家庭晚餐项目"的执行主任兼联合创始人、哈佛医学院的家庭治疗师、临床心理学家和心理学副教授安妮·菲舍尔（Anne

Fishel）在《华盛顿邮报》上撰文指出，研究表明，在家里吃饭可以有效降低青少年饮酒、吸烟、吸毒、饮食失调、自杀、校园暴力和过早性行为的概率。[27]

一家人在家里一起吃饭，这件事并不是很复杂，它应该是每个人不可让步的优先人际关系的基石。我们应该在日程表上标注好，事先做好计划，这样就不太可能因为其他事情的干扰，无意间遗忘它，或发生时间被挤占的事。

也许对你来说，优先人际关系是标记出你家孩子要参加的运动或表演项目，也许是与你的伴侣每季度都能外出度假，或者享受浪漫之夜。但是，如果不把它列入日程表，那么你就不可能带着满屋子的孩子来一场痛痛快快的旅行。如果你想做到，就必须提前谋划。

也许对你来说，优先人际关系是与大学最好的朋友一起开展的年度钓鱼之旅，或者是在某个商场的圣诞节购物之旅，也许是每周一次的咖啡馆小聚，又或者是每月与朋友共进午餐。稳定保持这种关系对于成功人士而言可能是一个挑战，但是，好朋友对于你的个人成长和幸福至关重要。如果你们之间是至交，请在日程表上标注出和他活动的时间。

这里需要提醒一点，如果你除了同事关系以外，没有其他有意义的社会关系，那就太成问题了。至少，它不是好的风险管理。例如，一旦你换了工作，你的社交网络就会归零。

把时光机快进到生命的尽头，到那个时候，你希望自己今生做过哪些与众不同的事情？布罗妮·威尔（Bronnie Ware）是临终关怀护理护士，她记下了一些患者弥留时刻的遗憾清单，其中最常见的是哪些呢？"我希望我当年没有那么努力。"布罗妮说，"这几乎来自我所护理的每位男性患者。他们想念孩子的青年时代，以及伴侣的相互陪伴……我所护理过的所有男人，对他们把如此多的生命消耗在工作的'跑步机'上都深感遗憾。"[28]

在布罗妮记录的"遗憾清单"上，排名前五的，还有一个是人际关系的贫乏。"我希望我能和朋友保持联系。"她从许多人那里听到过这个遗憾，她说，"多年来，太多人被自己的生活所困扰，以至于放弃了金子般的友谊。"[29]如果你想避免这种遗憾，请问自己："谁是我的生死之交？"然后打电话和他聊聊，或者约出来喝杯咖啡吧。

职业成就。这是我们列表中的最后一个，但也是必不可少的一个。为了成功，你必须要在工作中有所成就。无论你是企业老板还是高管，是大型团队中的骨干或顶梁柱，或者是中层经理，都是如此。首先要明确你负责生成什么结果，也就是说，你能够为别人提供什么成果。

梅根

作为迈克尔·海亚特公司的CEO，我负责提供公司的年度预算，发展公司的执行团队并建立对公司未来的愿景。我将这三个职业成就牢记于心，不敢懈怠。我以它们为依据来指导我的决策，确定其执行的先后次序，以决定如何安排我的时间。每天都会有很多申请或者建议提交到我的办公桌上，它们看起来有价值，但同时也可有可无。但是，由于我锁定了我的日程表上留出来用于完成"不可让步的事项清单"的必要空间，这些可有可无的项目无处安放，被排除在外了。

要达到这种清晰程度，就必须确认，什么活动会产生需要我负责的结果，并为这些活动安排时间。对我来说，就是指导我的直接下属，用组织头脑风暴的方法来优化当前的计划，领导月度行政财务评审，以及就重大举措做出最后决定。我能够做到这一点，是因为我清楚，我把注意力放在哪里，才可以产生最大的价值。

这也有助于我知道哪里该说"可以"，哪里该说"不行"——不论是现在，还是将来。这一点很重要。

作为领导者，我们不应该止步于仅经营现在拥有的业务，同时还要筹划明年和以后的业务发展。

在谋划、构建未来的时候，就需要问问自己：

◎　我需要在今天进行计划或投资以产生明天的成果吗?

◎　如何让我的领导能力更进一步，推动业绩更上一层楼，从而使我们走向自己想要的未来?

我们往往忽略或推迟回答此类问题，因为我们好像没有时间考虑这些。我们觉得，等明年再为未来做准备吧。但是，"踢皮球"的做法会带来收入停滞或下降的后果。如果没有创意，就无法推动增长。同样糟糕的是，如果我们不从未来着眼发展自己和构建业务，就会抑制我们的业务成长和团队发展，我们的"明星队员"就可能会离自己而去。

想象一下，你打算创造什么样的未来，并且问自己，在自己的职业领域里，有哪些事是不可让步的。例如，可能是花时间进行头脑风暴，以制订新计划；或升级基础架构，以备将来扩展；也许，作为一个领导者，你需要每季度接受一次培训。

你的职业领域里不可让步的项目是什么？在日程表上标记出它们之后，你可能会认为，噢，没剩下多少时间了。这是意料之中的，多年以来，你的日程表一直在努力告诉你这一点。通过标记时间，你最终可以看到它在说什么：时间很短，但是时间也很充裕。现在你已经说明了你的不可让步的要求，抛开那些可有可无的东西，什么都不缺。

用更高效的工作，为生活腾出空间

克里斯（Chris）是迈克尔·海亚特公司培训的客户之一，他属于那种工作勤奋、永远在线上的年轻人，无论白天黑夜都要立即回短信，或者一有机会就去参加募捐活动。但是为了有时间结婚、养家和投资健康，他明智地改变了职业。以下是他做出改变的过程。

克里斯大学毕业后，在政界找到了第一份工作，担任南加州一个大型政治行动委员会的总干事。他说："大体上，我们为政客们筹集了大量的资金，让他们能够当选。"他和号称"黄金之州"的加利福尼亚州内外的大佬们，从州议员、国会议员、州长，一直到白宫幕僚，都有很深的交情。"那时我只是一个年轻小伙子，但已经承担了很重的责任，获得了很大的权力。"

克里斯与该州最著名的城市之一的市长是私人朋友，这个市长还很年轻，刚有了第一个孩子。"在他竞选连任的过程中，我与他形影不离。"他说，"我亲眼看见他手不离手机，随时和外界保持联系的状态。他从来没空见他的家人。每天从早晨六点半开始，与选民、赞助人和筹款人一起吃早餐，到鸡尾酒会，再与企业界的大亨一起共进晚餐，这样的生活他大概持续了两年。他和他的老婆看起来只不过是室友关系。"

事实证明，这个案例让克里斯很受触动。怎么样？现成的例子表明，我们可以选择做我们想做的任何事情，我们只是不能得到我们想要的所有东西。没有人能够把自己的人生完全定位在工作范围内，同时还能保持自己的身心健康和人际关系。

"老实说，像他那样的生活，我无法想象。"克里斯明确地说，"我在想，'你刚有了一个宝宝，你连抱孩子的机会都没有了吗？'他的婚姻只靠戒指来维持，对吧？然而，当我想到这一点时，我发现自己也正在变成那种人。"克里斯意识到，像他的朋友一样，过度工作正在逐渐侵蚀自己的生活。

他说："我赚了很多钱，我拥有令人惊叹的人脉网络，我被邀请同主要领导者和捐款人共进早餐、午餐和晚餐。我的大部分工作是在他们的乡村俱乐部或者第二个家陪他们用餐，并说服他们签支票。同时，我的妻子艾丽西亚（Alicia）和我开始变得像夜晚海面上掠过的两条船。我常常是在她醒来之前就已经出门，天黑后才回来。"

克里斯完全是以工作为导向的，现在工作以外的领域的重要性与日俱增，他才省悟过来，原来在自己的人生中，除了工作，其余部分没有得到应有的关注。在和艾丽西亚结婚5年后，他们开始讨论要不要孩子。

一天，在驱车回家的时候，他开始想，我不是我想要成为的丈夫，也不可能成为我能够成为或应该成为的父亲。这些念头在他的脑海中挥之不去，就像在电台中播放的福音四人组的歌曲《这就是你的生活》一样，"这就是你的生活，你想成为谁？这是你梦想的一切……"他有些心烦意乱，不得不把车停到路边。

"我开始哭泣。"他说，"我知道我在做什么，我要成为的人

并不是我本来想要成为的样子。在企业和家庭中，这并不是我需要
扮演的角色。尤其是，我其实一直梦想着成为一个伟大的父亲。"
这一刻对他来说至关重要。

"亲爱的，我需要离开政治。"他回家后立即告诉艾丽西亚。
他不确定她会不会接受这个消息。离开他出道以后唯一做过的工
作，家庭生活势必也会被打乱阵脚，艾丽西亚知道情况的严重性。

她从厨房的桌子上拿起一张餐巾纸。她说："好吧，让我们来
捋捋清楚，怎样才能做到这一点。"她开始在餐巾纸背面拉出一个
清单：我们擅长什么？我们学到了什么？我们有什么天赋？我们的
兴趣是什么？

通过餐巾纸背面的头脑风暴，克里斯和艾丽西亚找到了一种
新的创业思路，这后来成为他们的生计来源。他们使用我们提升生
产力的方法和工具，设计了一种新的生活方式，使他能够在家中工
作，同时也有足够的空余时间以及灵活性与家人互动。

现在，克里斯每周都可以陪伴家人，而不是因为无休止的政治
筹款会议而错过和家人一起吃饭。克里斯塑造了健康的工作生活，
即使是他的小女儿也注意到了。她最近对他说："爸爸，我希望今

后我的丈夫能像你一样，一直待在家里。"

对于自己决定腾出时间，从事工作以外的其他重要追求，克里斯感到无比高兴。事实上，他正在指导他的员工了解他们可持续发展的内部机制。工作上的成功，取决于工作与办公室以外的生活共同融合。他曾经这样说道："我告诉我公司的员工，工作需要按时完成，但是，如果你的女儿在星期三上午十点整要参加校园演奏会，你就去那里；如果有一天你想带儿子在学校吃午餐，那就去吧。我们保持灵活的工作时间，因为虽然我很欣赏你出色的工作能力，但是生活中你也有妻子和孩子，你要确保家庭在你的生活中占据适当的位置。"

总结自己的独特性，定义自己的成功

　　埃隆·马斯克是一个万众瞩目的明星人物，但成为马斯克的前提是，我们只能追求取得一个方面的成功，甚至为此还要甘愿冒赔本的风险。那么，这时候我们就要考虑一种不同的方案了。

你不必过一种前途未卜、压力倍增、心情沮丧、创造力枯竭的生活。

　　笔者全新的策略始于对未来不同结果的想象。对于许多领导者来说，需要暂且树立起"事情总会有变化"的信念来。笔者指导过很多认为自己"注定会犯错"的客户，而事后证明，他们的悲观情绪是错误的。坦率地说，我们大多数人喜欢把自己摆在受害者的位置上，觉得自己目前经受的这种压力大的生活方式，是有人在针对自己，而非我们自作自受。在某些方面，这种"受害人情结"强化了以下观念：面对现实，我们无能为力，只能顺其自然。

大多数情况下，我们倾向于站在文化和体制的角度，去追寻导致过度工作的原因。通过将原因外化，我们可以免除自己的责任。其实，你个人的选择往往是更重要的因素。因为你完全有能力换一个环境，不再过度工作。如果目前的环境不容许，你还可以考虑换一份工作。但是，如果你热爱自己的工作，你必须对它负起责任，试着去改变你有能力改变的东西。如果你听之任之，那么你身处的企业文化，就会像大海的潮流一样，裹挟着你漂向与双赢相反的方向。

你有选择的机会：你可以自己制订计划，有目的地生活；或者你可以对别人的需求做出反应，随机应变地生活。第一种生活是主动型的，第二种生活是响应型的。诚然，你不能事先计划所有事情，因为，总有些事我们无法预料，它们充满了随机性。但是，如果我们主动出击，心中首先要想清楚目标，然后努力用行动实现它，利用我们的日程表，过自己渴望的生活。这时，完成最重要的事情就容易多了。

这个过程先要从承认我们不是超人开始。我们没有斗篷，面对不可克服的困难，我们不可能完成所有的事。既然我们不可能做完所有的事，我们就不能把做成所有的事当作成功的定义。我们需要停下来，想清楚我们要追求什么样的成功，这是极为重要的一步。

因此，更现实的方法，就是把"赢家"定义为"在工作和家庭中做成对自己来说最重要的事情"。我们说的是，做那些能促成结果的事情。哪些事对你具有意义，只有你自己才知道。这是个好消息，因为你可以按照你自己喜欢的样子来定义怎样才算"赢家"。

迪士尼前高管安妮·斯威尼（Anne Sweeney）这样说："以自己的眼光看待成功，按照自己的规则取得成功，并为自己的生活感到自豪。"当你给职场赢家下定义时，请考虑以下问题：

◎ 我的独特性的贡献是什么？

◎ 什么是只有我能做的？

◎ 我的哪些活动能带来最大的成就？

◎ 我的知识和能力与我的热情和兴趣有哪些地方是最佳匹配？

◎ 三年后，我希望我的职业生涯发展到什么程度？

梅根

当我达成或超过预期的财务目标时；当我领导的团队在领导力和效率上不断提高时；当我的事务性工作充分交给下属办理，我很清楚我应该到哪里去实现最大价值时；当我积极主动地提高自己的领导力和效率，拓宽对公司未来的愿景时，我就知道，我在工作中成了赢家。我能够赢，并不是因为我可以出席每一个会议，或者亲自做出每一项决定。这是不可能的，当然也不可取。

当给家庭生活的成功下定义时，首先要考虑以下初级的问题：

◎ 我应该把时间花在哪里，才能让我爱的人感受到我的爱？

◎ 我如何才能让对我极为重要的人记住我？

◎ 我可以采取哪些措施，来确保适当的自我关注和身体上的健康？

◎ 我可以用哪种方式来经营夫妻关系，以促进婚姻的和谐美满？

对我来说，在家庭生活方面取得的成功，可以是在晚上孩子放学回家时，为他们打开大门；可以是一家人围着餐桌吃一顿家常便饭，然后尝试着去沟通，表示感恩；当然也可以是抽出时间，和乔尔一起嬉戏玩乐。

我的胜利不包括足球旅行，不包括在学校担任"童子军母亲"或家长－老师组织的主席，或者毛遂自荐当"班妈妈"。没错，这些目标也许在你的清单上，但我认为，有资格参与这些活动，算不上是我的成功。

我们每个人都可以自行决定要追求哪些成功，不追求哪些成功。请记住，我们应该把有限的时间或最大的投资回报率用在对我们最重要的事情上，而不是用在和我们关系不大的事情上

实现"双赢"的最大障碍之一，就是没有认识到，工作只是你人生定位的众多方式之一。太多的人从来没有静下心来，认真考虑过他们想要的真实的人际关系，也没有真正关注过他们的健康，所以他们随波逐流，漂到了一个他们始料未及的目的地。

PART 4

约束力有助于
高效的自我管理

不管是谁在主宰我们的职业和职位，我们都依然是自己工作成果的缔造者和所有者。

罗伯特·基根
Robert Keegan[1]

原则 2

用自我约束提高创造力

客观了解自己的工作效能

蒂芙尼(Tiffany)和她的哥哥保罗(Paul)都是笔者培训过的客户。他们在佛罗里达州经营着一家农场，种植了数百英亩的草皮，同时生产有机农产品。他们的父亲从 1987 年就开始经营这家农场，直到几年前，他们兄妹才从父亲手里把农场买了下来。

大约 15 年前，蒂芙尼从大学毕业就开始在公司工作。"在我大学刚毕业时，我拼命工作。"她说，"我认为，业务是否成功，与工作时间的长短有着直接的关系。"

从表面上看，蒂芙尼的假设很有意义。你工作越努力，你的结果就越好。这话听起来很在理，商业大师们称赞它，将它奉为金科玉律。

在上一章中，我们已经听到了埃隆·马斯克说过的话："开启地狱模式来工作……每周 80 到 100 个小时。"投资大师格兰特·卡德内（Grant Cardone）说，企业家应该每周工作 95 个小时，平均每天要超过 13 个小时，而不是每天朝九晚五的工作时间。社交媒体意见领袖加里·韦纳楚克（Gary Vaynerchuk）表示，企业家每天要在工作上花 18 个小时，才能使自己的事业起步。[2] 但是蒂芙尼发现，初等数学在这里其实并不是很管用。

她说："除开我们一年一度的休假，每个晚上我都在加班加点地工作，周末也照样如此。我总是会回到农场、回到办公室去处理工作上的事情；我总是会在周末，或者晚上，从家里偷偷溜走几个小时，去办公室把事情做完。"

从所有这些额外的小时数中，她确实看到了一些成果。蒂芙尼和鲍尔接手之后，农场的业务有所发展。"你只管埋头拉车，然后就走，走，走……"但是，农场业务的增长并不理想。这不仅对她的个人生活造成了伤害，同时也妨碍了企业自身的发展。

原来，工作时间和工作成果的正相关性是不成立的。她说："我们的确获得了成长。但是在那些日子里，我只是在不停地'开始 - 完成'一件又一件事，但真的不知道自己究竟做了些什么，而且人累得不行。"

蒂芙尼告诉自己，这只是暂时的。然而，他们所获得的那点边际收益却夺走了她生活中的一切，而且还没有迹象表明她可以撒手不管。相反，按照初等数学流行的算法，她还需要投入更多的时间才行。麻烦的是，她真的没有更多时间可以奉献出来。她意识到，肯定是哪里出错了，她需要重新列一个更好的方程式。

平衡的法则：控制你的工作时长

工作就像水，是我们生活的必需。同样，除非对它加以约束，否则它会泛滥到任何地方。我们需要"硬边界"予以约束，才能存取活力之水。想一想水库和水杯对我们有什么用处，就明白这个道理了。如果没有那些硬边界的约束，水可能就具有破坏性，想一想一条河流泛滥成一片汪洋，淹没低洼街道和房屋的场景。

我们在第二章中讨论了过度工作的原因。因为这些原因，工作有一种趋于四处泛滥并淹没其他领域的趋势。我们本来应该用于个人生活和人际关系的时间，常常会被工作挤占；我们每天在上班前早早地加班工作，而不是去散步或去健身房；我们在办公室待到太晚，错过了与家人共进晚餐的机会；我们利用周末来追赶或者超出工作进度，但要以牺牲其他不可让步的事项（比如自我保健和需要优先处理的人际关系）作为代价。

无论是真实的还是想象中的，我们都可以通过电子邮件或者电话全天 24 小时在线。但是，如果在下班回家以后，我们还在响应与工作相关的业务，就意味着，此时我们不能再投身其他对我们个人有意义的活动。结果，我们给家庭和办公室带来的，都是一些不尽如人意的东西。由于没有守护好我们的不可让步的事项，我们自己也变得精神萎靡、精疲力竭。

我们都陷入了"蒂芙尼的陷阱"。心里想的是，如果我现在再努力一点，我们不久将获得回报。至于其他，比如家庭时间、我的时间什么的，以后再说吧。但是，正如我们大家早晚都会明白的那样，工作真的没有尽头。我们以为加班是暂时的，拒绝生活很容易，但是眨眼间，人生就流逝了 3 年、5 年和 10 年，我们仍然深陷于过度工作而不能自拔，而我们的人生，却迅速朝着另一个方向滑去。

解决方案就是，围绕着你的工作日，为周末筑起不可逾越的界限，作为防止工作"泛滥"到其他领域的硬边界。你需要知道"帕金森法则（Parkinson's Law）"："工作会扩张，直到填满完成工作所需的时间。"[3] 那么，下面就是海亚特的推论："把工作约束在许可的时间范围内。"

根据过度工作崇拜者的说辞，约束会扼杀生产力。但是，事实并非如此。

约束实际上是通过提升创造力来提高生产力的。

从表面上看，这听起来似乎有悖常理。但是，把工作约束在许可的时间范围内，恰好解放了我们，并为我们赋能，使我们可以在家庭中、在工作中都能够达到最佳状态。

正如我们有意识地利用水坝或者容器来约束水的泛滥，以便更好地开发水利满足我们的需要一样，我们也必须有意识地对工作时间加以约束。在设置约束条件时，我们会留足时间余量，使自己免于过度工作。从此，我们就可以自由地、充分地享受自己所拥有的工作，再也不会出现在晚上和周末进行工作时，经常发生"时间蠕变"的现象，也就是开工时以为时间还早所以拖拖拉拉，收尾时才发现时间不够因而手忙脚乱。我们可以把富余时间随心所欲地投放到健康和其他生活领域。同样重要的是，我们也开始在工作中获得更多。

真正的麻烦在于，我们在这件事上没有太多发言权。即便我们假装看不见，约束也是真实存在的。

定期检查你的付出与成果

我们的大脑只有这么多的精力，身体只有这么多耐力，我们的生理受到约束，纵然我们十二万分不情愿，最终也必须要闭上眼睛睡觉。时间同样受到约束，一天只有 24 个小时，一周只有 168 个小时。约束我们的工作时间和工作日，限定每天只能工作几个小时，每周只能工作几天，就需要我们有意识地在约束条件下工作。

我们早就已经需要提升自己的生活体验了，我们还要最大化自己的赢面，并且在这个过程中更加享受生活。

我们不能包揽任何事情。正如蒂芙尼的经历所证实的，卖命工作或者延长工作时间，并不会提高你的生产力。实际上，大量研究表明，在每周工作 50 个小时后，生产力就开始下降。比如斯坦福大学的研究人员所记录的："工作了 70 个小时的工人，多余出的 20 个小时基本上无所作为，他们只是在做机械转动而已。工作的时间变长，但是活儿却干得更少了。"[4]

波士顿大学奎斯特罗姆（Questrom）商学院的教授艾琳·里德（Erin Reid）认为，没有任何证据表明，每周工作达到 80 个小时的员工比没有工作那么长时间的同事获得了更多的成就。事实证明，他们的老板也是一样的。她的研究表明："经理们无法分辨出每周实际工作 80 个小时的员工，与假装在加班的员工之间，绩效有什么区别。"[5] 这主要是因为工作 50 个小时以上没有收益，所以净收益不存在。

相反，我们现在发现，在每周工作大约 30 个小时的情况下，一些工人的贡献最大。所以，我们必须从每周 40 个小时工作制的另一端来寻求生产力的提高。知识型工作虽然看起来不像体力劳动那样耗费体力，但是要求却很高。知识型工作者每天只适合工作大约 6 个小时。正如作家萨拉·罗宾逊（Sara Robinson）在查看数据后所总结的："如果老板要求你加班，你当然可以在办公室里待得更久，但是 6 个小时后，真正剩下的只有一把椅子和你沉甸甸的屁股了，你的大脑早已经收拾妥当，准备回家了。"[6]

一项针对微软员工每周工作时间的研究，也证实了这一点。他们每周有 45 个小时用于工作，但只有 28 个小时有生产力，每天只有不到 8 个小时的时间在真正工作。[7]

我们当然已经感觉到长时间工作所带来的精神上的疲惫了，但我们依然可以硬着头皮，把每个工作日的工作时间推至 8~10 个小时。但是，随着工作时间的增加，我们的效率会逐渐下降。你一定会对这个事实感到沮丧吧。有时候，这些工作不过是一份报告、一个电子表格，诸如此类，只需要把它在电脑上轻轻敲出来就可以了，真的不难！但是我们都知道，事情并没有那么简单。

哈佛教授罗伯特·基根做了一项研究，探寻是什么东西让员工感到闷闷不乐。他注意到，现代员工在工作中需要大量的智力和情感的投入。正如他所说，知识型工作要求我们本质上是"创造或控制我们的职位"。[8] 也就是说，你这个职位本身是否有存在的必要，需要用你的工作成效来证实。我们的工作有客观部分：明确的工作描述、目标、项目、期限，等等。但我们的工作还包括主观部分：个人能动性、自我评估和项目分析，对结果要承担的责任、对个人成长和职业成就的期望，以及其他利用我们的智力、想象力和情感资源的方式。[9]

考虑到一些特殊工作的需要，我们通常把主要精力放在满足外部的客观需求上。这一部分努力看起来很艰难，也可能旷日持久，不过是能够成功的。但内部的主观需求，虽然是看不见的，但同样不可或缺。这些需求都附带有相应的成本，我们不能单凭想象，认为可以让那么多的智力和情感上的努力，无条件地、一直不懈地保持下去。

> 我们不但要考虑自身效率水平不断下降的因素，而且还要考虑最简单的约束——有效时间的短缺。

这个算术题就相当简单了：一周只有 168 个小时。我们不得不把其中几个小时用来睡觉，我们还必须照顾自己的身体需求——饮食、沐浴和其他必不可少的事情。我们与其对现实表示厌烦，不如把这些约束视为礼物。为什么呢？因为它们迫使我们去厘清、确定优先顺序，并主动地挑选出我们必须要做的事情。

约束工作时长，提升专注度和创新能力

迈克尔

长期以来，我面临的最大挑战之一，就是我无边界的工作环境。我的工作没有任何时间界限，我也没有"收工时间"。哪怕是在某个非常重要的日子里，虽然我想方设法在下午六点整准时回家了，但是晚饭过后，我就会马上打开笔记本电脑，再次投入几个小时到工作之中。像蒂芙尼一样，在周末，我也会潜回办公室继续工作。当然，那是在我接受时间约束之前的情况。

2005 年，我正担任托马斯·尼尔森出版公司的 CEO，这是我有生以来事务最为繁重的一份工作。我们是一家在纽约证券交易所上市的公司，我有投资者、董事会、650 名员工和成千上万的客户。我很快意识到，我即便每周工作 168 个小时，也仍然无法完成所有工作。

值得庆幸的是，当时我的一位职业导师鼓励我，让我设定三个严格的时间界限：下午六点以后不工作、周末不上班、不在假期工作。起初，我只注意哪些事不能做，过了一段时间我才明白，这对我该做什么产生了深刻的影响。

在这些约束的迫使下，我不得不有效地利用我的工作时间。在那之前，尤其是在下午，我经常会分心。然后我就会对自己说，如果这件事我在离开办公室之前没做，我可以拿回家，晚饭过后继续做。这就是"帕金森法则"：工作会扩张，最后会充满为它预留的全部时间。但是，由于我自己规定了下午六点以后的"宵禁"，让这一切变得不可能。（这是"海亚特推论"的起源）

这种约束促使我保持工作时间的专注，并避免了毫无意义的活动。我没有太多的时间去挥霍，或把时间浪费在假装工作上面。时间的约束迫使我做事要有选择性，并预计工作时间。因此我提高了在办公室的工作效率，其他时间则自由地专注于人生的其他方面。

梅根

迈克尔·海亚特公司也有过这种经历。我在第一章中提到，多年来我每天只工作 6 个小时。我一直想知道，如果我们全面推行这种工作制，会是怎样的情况。其实世界各地的公司都在尝试缩短工作时间，并且已经取得了显著的成功。

在新型冠状病毒疫情暴发之初，作为实验，我们决定，正式把迈克尔·海亚特公司的工作日修改为每天 6 个小时工作制。我们已经推行了弹性工作时间，但我们希望它成为正式的条款，以确保我们的团队有足够的时间来应对新型冠状病毒的特殊情况。

我发现，缩短工作日工作时间的政策，不仅能鼓励人们更加专注地工作，它还鼓励员工以创新和创造性的方式来处理工作。

从小时候开始，菲尔·汉森（Phil Hansen）就渴望成为一名艺术家。他上过艺术学校，专门研究点彩派画法，这是一种后印象派的绘画流派，运用颜料的小点来构成画面。

久而久之，汉森出现了严重的神经损伤，他的手不停地颤抖，他画出的小点看起来更像蝌蚪，也就是说，他不再有画出完美圆点的能力。为了弥补这个缺陷，他把笔握得更紧，但这更加剧了他的关节疼痛，让他饱受折磨。汉森感到自己的职业生涯被葬送了，他失去了梦想。由于这一变故，汉森变得心烦意乱，不得已中断了自己的艺术生涯，整整三年，但他无法拒绝内心的召唤。

汉森决定去神经科医生那里检查一下，看看有没有什么疗法可以帮助他从这种颤抖中康复。但这种神经损伤是永久性的。他的神经科医生提出了一个建议：为什么不干脆把这种颤抖利用起来呢？

医生的建议让汉森醍醐灌顶，豁然开朗。回到家里后，汉森拿着铅笔，触在画布上，让他的手摇晃摇晃摇晃……最终画出了波浪状的图案。他后来在 TED 的演讲中谈到了自己的心路历程，他说："尽管那不是我最热衷的艺术形式，但是我发现，我还能够继续我的艺术生涯。我只需要找到一种不同的方法，一种能够创作我想要的艺术品的方法。" [10]

虽然颤抖终结了具有完美圆点的艺术品的创作，但是，这种约束迫使他尝试其他方法来解析他的图像。这就是他的发现："如果我以更粗的笔触和更宽的画布来工作，我的手真的就不会受伤。从单一的艺术方法中走出来之后，我终于有了更富有创造力的方法，这彻底改变了我的艺术视野。这是我第一次接触这样的想法，即接受约束实际上可以驱动创造力。" [11]

汉森从他的偶像、武术传奇人物李小龙（Bruce Lee）那里汲取了灵感，只用手掌侧蘸上黑色颜料，用空手道的招式在画布上施展绘画"手"法。在获得成功之后，他又探索了其他极限形式。例如，他问自己：如果只花一美元购买艺术品，他可以创造什么？或者，如果他在人体上创作而不是在画布上创作，他会创造什么？

"把约束视为创造力的源泉，这种理念改变了我的生活。"他说，"现在，当我遇到障碍时……我会继续坚持推动进程，并不断提醒自己，达到目的的方法有无数种。"[12] 这种改变游戏玩法的原则，既适用于艺术，也适用于商业。

研究人员奥古斯·阿卡（Oguz Acar）以及他的同事说："管理人员可以通过约束来更好地进行创新。"在回顾了 145 个关于约束对创新和创造力影响的实证研究之后，他们报告说："个人、团队和组织同样受益于健康的约束条件。"[13]

怎样设置极限，才可以改善我们的工作成果？研究团队发现，不受约束的员工往往采用最简单的路径来解决问题。他们说在那种状态下，"自满情绪开始出现""他们追求最直观的想法"。[14]

沿着这个思路，莱德大学（Rider University）心理学家卡特里内尔·豪特－特罗普（Catrinel Haught-Tromp）的研究表明，采用约束条件"可以对较少的备选方案进行更深入的探索"，因为它们"将大量的可用选择约束为可管理的子集"。她指出，这反过来又使我们可以"探索不太熟悉的道路，向着过去未可知的方向发散"。[15] 我们的客户蒂芙尼在决定约束工作日和工作周时，也发现了同样的情形。

　　过度工作崇拜并不区分工作任务的重要性和必要性，它只是想让我们做更多的事情，然后把它归零。但这是导致精疲力竭的原因。

　　像许多企业家一样，蒂芙尼对待工作事必躬亲——然而工作永无止境。在她和保罗加入笔者的培训计划后，他们开始改变工作方式，不再专注于工作更长的时间，而是专注于在固定的时间内应该做哪些工作。她说："我从来没有真正坐下来看过这张大图。""它可以帮助你挑选出那些可以真正取得最大进展的事务——也就是你擅长的事情。其实不仅仅是你擅长的事情，还包括你热衷的事情。它确实可以帮助你确定可以在哪里取得进展，以及在哪里可以愉快地取得进展。"

　　她开始围绕着自己的需求和兴趣来安排自己的业务，把自己喜欢和擅长做的工作向自己靠拢，把剩下的工作淘汰、付诸自动化和外包。这种变化使一切变得不同，她不仅可以摆脱过度工作，而且还打破了公司发展的天花板。在两年内，他们的业务量增长了60%多，再也不是固定的或微不足道的收益。而且，工作的时间并没有因此延长，相反却变短了。

　　这才是我们所有人都需要的人生算法。

在迈克尔·海亚特公司缩短每个工作日的工作时间后，我们也看到了同样的情况。将每个工作日的工作时间缩短为 6 个小时后，通过不断评估员工们正在做的或可能做的工作，对照每天的截止时间，我们的团队在工作时变得更加投入，生产效率更高。它鼓励对业务活动进行更多和更好的规划，以及消除非必要的活动。

绩效得以提高，是缩短工作日和工作周的情况下取得的主要成果之一。尝试过约束工作时间的公司报告说，他们内部合作得更好了。并且由于随时可以采用节省劳动力的工具和技术，员工的注意力也更集中。正如亚历克斯·苏琼－金·庞（Alex Soojung-Kim Pang）在他的《减负》（*Shorter*）一书中指出的那样——对工作日和工作周进行约束，这些改进会直接带来更高的利润。[16]

当然，在这种情况下，员工也是赢家。较短的工作时间，意味着他们可以自由地专注于生活的其他领域。庞解释道："缩短工作时间，为个人创新创造了明确的激励机制，也使得个人通过公司效率的改善直接受益。"[17]

通常，员工的工作成果属于公司，他们取得的任何成就或改进，都可能以佣金、奖金或津贴的形式予以奖励，但这不是既定的。可如果你在工作中省出时间，情况就不一样了。庞说："和增加公司年终计算的净收益不一样，工作时间缩短以后，你所做的更改几乎可以立即显示结果，把节省下来的时间作为奖励支付，大家都喜欢。"[18] 时间就是金钱，让工人赢得节省下来的时间资本，是提高生产力和促进创新的强大动力，从而产生更丰厚的利润。

制定更高效的工作方案

慷慨接受约束，能够促使我们尝试用创新方法来开展工作、解决问题、完成项目，等等。我们开发新的方法来完成工作以节约时间，而不是像过去那样每周工作 50 多个小时。或者，更好的情况是，我们有时会发现更具有竞争力的工作、更高回报率的工作，以便我们可以淘汰那些不太有利可图的职位，提高劳动生产力。

蒂芙尼就是这么做的，这使她的业务得以发展，同时为她人生的广阔领域提供了更多的时间。通过接受约束，蒂芙尼终于明白，工作和生活是一个共生系统：工作给你提供信心、快乐和财富，你可以把它们带回家，投入到你的健康、个人爱好和家庭生活，恢复你清晰的头脑，让你休息好身体，然后再把这些带回到工作中去。

正如沃伦·巴菲特（Warren Buffett）所说：真正成功的人几乎对所有的事情都是说不的。[19]简而言之，如果你不约束自己的工作，就不会有足够的时间或者精力从事恢复性活动，如适当的假期或宁静的夜晚、悠闲的周末以及其他很多活动。另一方面，如果你确实约束了工作，则可以把富余的时间投放于各种活动，这些活动最终将为你的业务带来更好的运营成果。

> **如果你想在工作中成为赢家，同时在人生的其余领域也获得成功，秘诀在于约束工作，为生活腾出空间。**

如果你专心于此，那么从现在起六个月或一年后，你的生活将会比今天更好、更丰富、更令人满意。

高效练习

设定硬边界，规划高效人生

那么，你什么时候投入工作，什么时候享受生活？这就是你要回答的问题。把你的一天想象成一个玻璃杯，把一个小时的时间想象为一盎司，那么这个玻璃杯的容积为二十四盎司。现在，假设你要用三种基本的"液体"填满玻璃杯：有所作为、无为而为和休息。

在这种情况下，有所作为主要是指有明显绩效的工作；无为而为是指人际关系、养育子女、娱乐、爱好或仅仅是结账这样的活动。上下班的通勤时间呢，取决于个人。有些人用它来有所作为，另一些人则无为而为。给客户打电话和看小说是有区别的。怎样来利用这段时间，完全取决于你。休息当然主要是指睡眠（关于睡眠，我们将在第七章中详细讨论）。

你的杯子不会变大，就像一天的时间一样，它是一成不变的。但是，你可以根据需要，调整填充材料的比例。过度工作崇拜坚持以有所作为充实一天。但是，由于玻璃杯的容量没有变化，这样就减少了无为而为和休息的空间。对于许多成功人士来说，他们的杯子看起来像下图：

如果这些成分是鸡尾酒，那么按这样的比例调制，将会很难吞咽，尤其是需要长期饮用。当我们需要时，我们也可以多吞下一点有所作为，但这不是长久之计。双赢意味着另一种模式。事实上，根据你的个人喜好，有好多种不同口味的食谱可供选择。你可以根据自己的情况调整比例，但笔者建议从大致相等的有所作为、无为而为和休息部分开始。平衡良好的玻璃杯如下图所示：

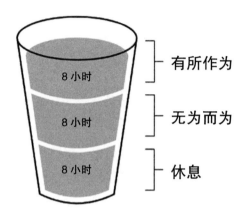

对于有自由裁量权和灵活性来管理配方的人，我们建议你增加无为而为和休息的时间，这自然会减少投入工作或有所作为的时间。这是为什么？正如我们在本章前面所讲过的，知识型工作要求极高，对于大多数知识型工作者来说，每天工作 6 个小时是一个上限。

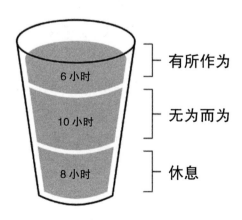

约束你的工作日最重要的部分，是在一天的顶部和底部设置硬边界。你可能会发现，在中午增加一些无为而为的填充物，以延长午餐、散步或午睡的时间，这个配方是可取的。这也算是一个选择。但是工作日的开始和结束是至关重要的。对于一些人来说，就是不在早上九点或九点半之前开会，留出时间来完成工作日的启动仪式。这就类似于下午四点以后不开会。

工作日下班时对当天工作进行盘点，这样的老规矩也同样非常管用。它要求你在离开办公室前把松散的事情收拾妥当，而不是在回家以后还有成堆的事情需要处理。一旦万事妥当，你就可以自由地活在当下了。

对你来说，一个受约束的工作日会是什么样子？无论你想到什么，你都需要与你的团队、客户和老板分享。一定要让既得利益方明白，为什么支持你工作日的硬边界才符合他们的最佳利益。我们在设定界限时，常常会疏忽这一点。如果我们只是粗暴地告诉别人，"我只在上午九点到下午四点半之间有空"就算完了，这通常不太受人欢迎。相反，我们必须解释清楚，为什么尊重我们的界限才符合他们的最佳利益，并且要说服他们相信这一点。如果你想在工作中成为赢家，同时在生活中取得成功，你一定要明白这一点。

罗伊是笔者培训过的客户之一。起初，他遇到了一些来自同事的阻力。"一开始，我们进行了很多激烈的交锋，他们告诉我，他们担心不能在早上六点或晚上七点找我处理一些问题，因为这个时候他们也许正打算登上飞往某地的飞机，需要马上和我交谈。我要求他们用更重要的东西来衡量我——其中一个指标就是团队的维系能力。你知道，无论我的团队成员对我是否满意，他们和我在一起已经共事很长一段时间了。其次，我让他们衡量，我为公司创造的毛利润是否比本地区其他任何人都多。如果他们两个的答案都是肯定的，那我就让他们别管我，让我做自己该做的事。"他的同事尊重他的界限，罗伊说，"到目前为止，我已经取得了稳定的成果。"

说到这里，笔者最后还是要提醒一下，你必须愿意偶尔对这些界限做些例外让步。在你预估的 90% 的时间里保持这条线就够了，因为确实会有真正的紧急情况发生。如果人们知道，在真正的紧急情况出现时，你愿意提供帮助，他们会更加支持你的底线。我们需要的是坚定，而不是僵硬。

这有点像汽车的减震系统。它们坚固但灵活，可以吸收道路上的颠簸。只要对你最终的结果没有影响，并且老板和客户知道你为什么这样做，一般情况下，他们会尊重你的界限。如果他们不这样做，你也许是时候找一个新老板，或者发展新的客户群——去和那些像你一样致力于双赢的人共事。

PART 5

让高效努力
完美匹配你的期望

我们在工作生活中花费了太多的时间去否定自己的人性。

理查德·谢里丹

Richard Sheridan[1]

原则 3

随时校正自己的期望和重心

及时修正过高的期望

梅根

没有什么比一盘热气腾腾的泰国菜更让我高兴的。我和乔尔喜欢去他住处附近的某个地方约会，他爱吃咖喱，我喜欢泰国菜。我们第一次去的时候，我甚至不需要看菜单，因为我很清楚我想要什么。为这顿晚餐，我已经期待好几个星期了。服务员拿着她的点菜簿和铅笔来到我们的餐桌旁。

"你准备好点菜啦？"她问。

我说："我要泰式炒河粉，还要一些春卷。"

她问道："泰式炒河粉要几号，编号从 1 到 5。"

"这些数字是什么意思？"

"你想要的辣度——1 是最不辣，5 是最辣。"

我停下来考虑我的答案。我喜欢辣的东西，但不像乔尔吃的那么辣，他点的菜对我而言太辣了。我也不喜欢平淡无味，没有刺激的泰式炒河粉才不是泰国菜。我决定采用"金凤花原理"（Goldilocks approach）：不要太弱，也不要过火。

"我要 3 号。"

我们吃完了春卷，聊了很久，终于等到主菜上来的一刻！我很兴奋，用夸张的表情吸入带有香菜、花生和酱汁味道的热气。我捏起一小块酸橙挤了汁到炒面上，然后捻了一些面条在我的叉子上，送进嘴里。第一口真是太棒了。然后，天哪，好辣！猝不及防，浓烈的辣味骤然而至，辣得我简直受不了。而且，这股子辣味还越来越浓，我的嘴唇开始刺痛，我的眼睛开始流泪，我的脸颊仿佛都快要着火了。

我不确定是否可以继续吃下去，但接着还是又吃了一口。我不想浪费食物，况且这也不是餐厅的错，他们完全有理由制作、供应自己的菜肴。但是，至少就我的口味而言，辛辣程度完全失衡了。

吃一堑长一智，下次我点 1 号。那样就太完美了。

积极调适工作压力

平衡就是一切。但是，如今时兴反对甚至抨击这一概念。有些人将其称为"幻想"，另一些人将其称为"神话"。一位权威人士说，"没有这样的事情。""事实上，我甚至可以说这个主意是一个阴险的谎言。"[2]《福布斯》上有一位撰稿人把追求工作和生活的平衡描述为"现实版追寻'青春之泉'（神话传说中只要喝下或在其中沐浴，便可以恢复青春的神水）"[3]，另一位作者称其为"令人失望且无用的想法"[4]。

丽亚·波波娃（Maria Popova）是"精挑细选（Brain Pickings）"——互联网上最具启发性的网站之一的幕后推手，她说："当人们谈论'工作–生活的平衡'时，我常常感到难过。这就是在暗示，生活才是快乐的活动，为我们所渴望；工作则是不愉快的活动，我们不得不忍受。我们需要用生活来对抗工作，才能做到不负此生，不负己心。"[5]

> 事实上，正因为工作中蕴含太多的美好，所以我们
> 必须有意识地对人生的其他方面给予应有的关注。

我们担心的是，说工作和生活的平衡是一个神话甚至更糟——它会成为"过度工作"这只骆驼伸进生活这顶"帐篷"里面的鼻子，成为过度工作入侵生活领域的开端。在我们指导过的客户的人生经历中，我们看到了这一点。当我们面对严峻的现实难以维持平衡时，我们会做出暂时的妥协，不得已压缩人生的其他领域。但是，如果我们不致力于维持平衡，这种妥协很容易常态化，成为成熟的实践模式。

生活方式专家玛莎·斯图尔特（Martha Stewart）的言论值得我们斟酌。"这是最困难的事情之一。这种平衡对我们大多数人而言是难以捉摸的，于我更是完全失灵。"她告诉 CNN，"因为这份好工作的诱惑，我不得不牺牲婚姻。我们大多数人都不可能达到所说的这种平衡。"[6]

也许批评者认为工作和生活的平衡是一个神话，就像波波娃一样，但他们对平衡的看法是错误的。

平衡的法则：防止超出能力的期望滋生

迈克尔

几年前，我参加了绳索课程（ropes course，一种团队拓展训练项目）。这听起来像是一个曲棍球队的联合练习，但实际上这是一个很棒的体验课程。我的大部分精力都放在练习如何保持平衡上。我的教官在几个树干之间系上绳索作为训练场地，绳索离地面大约三十厘米高。课程是安全的，我所冒的风险最多只是脚踝扭伤，加上从绳索上掉下来的一点小尴尬。但我发现这项看起来很轻松的活动，却非常具有挑战性。

通过课程的训练，我有几个宝贵的收获。首先，在我独自一人走在绳索上时，保持平衡和行走基本上是一回事，一旦增加一个或几个人，难度系数就会成倍增加。其次，我必须学习如何跨线合作。在前进的过程中，人们一直在相互制衡，这需要沟通和协调。最后，我记得最重要的是，如果我们是静态的，我们随时都会摔倒。当我处于平衡状态时，其实我没有真正感觉到平衡，我的腿在不停地摆动，我竭尽全力紧紧抓住绳索或者最近的树。我要做很长时间的矫正，不断调整身体的重心，才可以勉强维持直立状态。

平衡需要不懈的努力。当我们对所感受到的不平衡进行调整时，我们所处的危险是最小的。有了目的性，经过反复练习，就不会跌倒。人生也是这样。

人生有很多阶段，犹如一年有四季。你不可能在人生的某个季节里平均分配时间、精力和注意力，所以你也不可能在工作上和生活上平均分配时间，这种情形永远不会发生，它也不是我们要追求的目标。关键在于，无论你处于人生发展的哪个阶段，在每个主要的人生领域中，都要投放适当的时间。只是在不同的人生阶段，情况可能会有所不同。

这里要牢记，"平衡"有三个重要的方面，尤其是将平衡的概念应用到工作和生活中。

平衡与休息不同。当笔者培训的学员谈论他们需要更多的平衡时，他们真正的意思是感到有压力、不堪重负、疲惫不堪，需要长时间的休息。这个我们都能明白。但是，如果我们认为达到平衡最终只是意味着满足当下迫切的休息，那么，我们就错误理解了一些重要的东西。平衡与休息无关，尽管它确实包括休息，因为没有适当的休息，生产力和效率就会降低。

> **平衡就是分配需求，以保证我们在工作和生活中能够两全其美。**

我们不想蚕食一个人生领域来滋养另一个人生领域。想要求得平衡，需要用心去做。别灰心，这只是挑战的一部分。

平衡是动态的。爱因斯坦（Einstein）在给儿子爱德华（Eduard）的一封信中说："人生就像骑自行车。要保持平衡，就必须继续前进。"[7] 我们都经历过这种情况。骑行越慢，就越难以控制，自行车会摇摆直到摔倒。动量可以帮助我们保持直立和稳健。

为了保持自行车平衡，我们需要不断地进行修正和调整。同样的道理，要达到工作和生活的平衡，也需要调整我们的时间表和任务清单。如果你在这个星期达到了工作和生活的平衡，那么在下周或发生意外情况时仍然要注意。不可避免地，你的老板会要求你加班完成一个项目；孩子会生病，需要你格外照料；你的车会抛锚，或者你的飞机航班将被取消。不要让这些意外把你拖入困境。像在跑道上的运动员一样，提醒自己你正在参加的是马拉松比赛，而不是短跑。要通过不断地微调自己的步幅来保持自己跑步的节奏，胜利依然在望。

劳工经济学家和斯坦福大学商学院教授迈拉·斯特拉博（Myra Strober）列出了另一个类比。她说："只有在起飞和落地时，火箭才准确地对准目标。在这两点之间，它不断地偏离轨道，必须被随时'拉回'。工作和家庭也是如此，夫妻之间很少处于平衡状态，双方都需要各自留心辨别失衡的蛛丝马迹，并及时纠偏，重返正轨。"[8]

平衡是有目的的。我们的身体被设置为可以保持直立，达成物理平衡。但是我们的人生由盘根错节的责任和人际关系构成，情况就要复杂得多，因此需要予以更多的关注。如果我们想保持平衡，就必须做出有目的的决定和行动。这不是偶然。不过，对我们每个人来说，这些决定和行动都会显得不同；但对我们所有人来说，又都是必不可少的。

我们说平衡是有目的的，这也意味着它是有"因果关系"的。你做到了，平衡就会出现在你的家门口，然后宣布："我在这里，你已经处于平衡状态，随时可以出发。"换句话说，平衡始于你创造一个新未来的意图。但是你必须制订计划，并明确实施，才可以实现你所设计的双赢未来。

正向努力，不拿幸福感做交易

实际上，平衡就是交易。当你每周工作 50 多个、60 多个、70 多个小时，你就面临着四项重要资产的配置问题：这些资产如果得到妥善的处理，将有助于你成为办公室的赢家；相反，如果忽略它们，你就会有面临各种不良后果的风险。

拿你的健康做交易。当你刚开始职业生涯时，很容易相信自己靠吃垃圾食品就可以过日子，而不会浪费时间去准备或享用健康的一餐。同样，你也可能省略"锻炼"这个生活环节，把更多的时间花在工作上。

推特网（Twitter）前 CEO 迪克·科斯特洛（Dick Costolo）认为，这是一种短视策略。即使在经营一家拥有超过 2 亿活跃用户的跨国公司时，他仍然会花时间进行常规的身体锻炼。他说："和收发电子邮件或参加会议而花费的 20 分钟相比，用 20 分钟去锻炼所得到的收益要大得多。"[9]

忽视健康不可避免地会造成不良后果。每年，仅仅因为拒绝自我保健而导致早逝的人数，这个数字你知道吗？当然，有一些人是因为先天性疾病丧失生命的，还有一些是其他原因导致过早死亡的，但是，我们的某些健康问题暴露的就是我们在自作自受。

拿你的家人做交易。数据表明，高管和企业家离婚的比例要高于其余劳动者。这里，过度工作的关联成本是无法核算的。我们谈论的不仅仅是夫妻赡养费、子女抚养费、财产分割、积劳成疾以后的治疗费用或者是两个家庭共同抚养孩子的额外费用。有些离婚是不可避免的，但是，如果我们可以将过度工作确定为主要原因，那么我们至少可以解决这一问题。

想想我们的孩子。如果我们在他们年岁尚小时不花些时间在家里，在他们身上，以后就不得不在另外的场合花更多的时间——在校长办公室、辅导员办公室，进行心理康复治疗，甚至更糟糕。

相比之下，研究表明，健康的婚姻和良好的家庭环境会提升你的情感、幸福感、个人满意度，有利于长寿，会带来生命的活力。[10]请花点时间和你的家人尽情享受生活。只有免于过度工作，才能支持并保护你的家人，实现这些好处。

拿你的朋友做交易。正如 2000 多年前亚里士多德（Aristotle）所说："在贫穷和其他不幸的人生中，真正的朋友无疑是避难所。他们使年轻人免于恶作剧；他们安慰和帮助赢弱的老年人；他们激励着那些处于生命力旺盛时期的人们去做高尚的事。"[11] 经过时间的检验和学者的研究证明,他是正确的。

我们在工作中有同事,但是他们不过是熟人,与我们仅仅是职场上的关系,所以,不要误以为那就是友谊。真正的朋友是那些除了爱你、分享你的快乐、在悲伤中安慰你之外,没有其他任何目的的人,相对于朋友之间建立的深厚友谊,同事之间的和气是一种完全不同的状态。

好的朋友对改善健康也有影响。根据梅奥诊所(Mayo Clinic)的说法:"朋友在促进人的整体健康方面起着重要作用。拥有强大社交网络的成年人,许多严重疾病的风险会降低,这里还包括抑郁症、高血压等。"[12] 幸运的是,在围绕"双赢"原则制定了新的时间表以后,我已经培养了这些关系,为此我变成了一个更好的人。

拿你的效率和生产力做交易。 偶尔的压力可以提高业绩,但如果持续过度工作,就会损害业绩。以体育为例,在高尔夫运动中,你越是努力打球,球杆握得越紧,越会压低球杆,你自己的压力也越大。结果,你就会在挥杆时受伤。飞钓或其他大多数运动也有同样的情形。

《精力管理》（*The Power of Full Engagement*）的合著者吉姆·洛尔（Jim Loehr）和托尼·施瓦茨（Tony Schwartz）注意到，当运动员开始感到压力，或者当他们开始紧张的时候，他们发挥的水平就大不如平时。他们与职业运动员合作，对这种现象进行研究。他们在与运动员的合作中学到了一些东西，并开始将其应用于职场人士。在职场上他们也看到了同样的现象：持续的压力会削弱事业表现。

持续的压力让我们感到不快乐，也降低了我们的生产力。华威大学（University of Warwick）三位经济学家的一项研究发现，当幸福感得到提升，生产力会提高 12%；另一方面，不快乐的工人的生产力却降低了 10%。[13]

这就是四大资产：你的健康、你的家人、你的朋友、你的生产效率。如果你没有把需要优先管理的事项做好，你就会面临风险。

我们努力工作，有时会心烦意乱，有时又过度沉迷，而在追求平衡时，我们必须善待自己。再次引用迈拉·斯特罗伯的话："只有在起飞和落地时，火箭才准确地对准目标。"如果你发现自己处于收支平衡不佳的季节，请考虑取舍，并回到正轨。

　　笔者最担心的是，人们普遍认为，为了保持竞争力，我们必须放弃工作和生活的平衡，并牺牲个人健康、家庭幸福、自我充实、良好的情绪和完整的人格。尤其对于女性而言，这种对平衡的放弃，会给她们增加更多的负担。

勇敢表达诉求，追求更高的价值

　　一位女性成功人士从早上六点到晚上九点之间的生活是一种什么样的情形？"一整天忙碌的行军。"这就是 CEO 詹妮弗·戈德曼 - 韦茨勒（Jennifer Goldman-Wetzler）对这个时间段生活状态的描述。她说："和大多数在职父母一样，每天都像是在搭一个庞大的乐高积木城堡。""如果我把注意力转移开，在装配过程中错过了一个步骤，事情马上就会一团糟，然后满盘皆输。至少看起来是这样。"[14]

　　按一般的说法，戈德曼 - 韦茨勒讲的是在职"父母"，但每天应对这些挑战的通常都是母亲。凯恩斯在预测"每周 15 个小时的工作"时犯了错误，不只是因为他开玩笑说"我们大多数人中的老亚当"每天只需要几个小时，就能完成我们所要干的全部工作，显然他也从来没有想到，今天夏娃也会进入工作岗位。但是我们做到了，而且做得很出色。布里吉德·舒尔特（Brigid Schulte）在其著作《不堪重负》（*Overwhelmed*）和安妮·玛丽·斯莱特在《未竟事业》（*Unfinished Business*）一书中的分析就是证明。

传统上讲，妇女经营家庭事务，男子则从事生产活动。但是，随着妇女加入劳动力队伍，她们既保留了自己的家庭义务，同时又增加了职业责任。这意味着，全职的职业妇女可能每周要花 50 个小时，甚至更多的时间从事办公室工作，下班以后还要用心打理她的家庭，照顾孩子以及处理所有其他的事：预约儿科医生、计划膳食、去杂货店购物、做饭、参加家长会与不停地洗衣服……要完成所有事务，需要大量的计划和劳作。如果像搭建乐高积木城堡那样漏掉或者搭错一块，那这一天将会是一团糟。

迈克尔

当我第一次出差时，我可以指望盖尔肩负起我们生活中的家务事，那是我们不言而喻的分工。正如我在第一章和第二章中所分享的那样，我把它推得太远了，很多男人都这样做。我无法想象在管理公司的同时还要管理家务，但很多女人都是这样做的。

　　皮尤研究中心（Pew Research Center）称，现在大多数妈妈都是全职工作，而 1968 年，只有三分之一的母亲从事全职工作。[15] 到了 2015 年，在几乎一半的家庭中，爸爸妈妈都在从事全职工作。[16] 虽然，男人上班的时间往往更长，但"美国时间使用调查"（*American Time Use Survey*）的数据显示，全职工作的妈妈每天要用 3 个小时 20 分钟的时间来哺育、照顾孩子。和单纯只上班的父亲相比，要多做 3 个半小时的家务活，每周减少大约 4 个小时的闲暇时间。[17]

　　即使是在休闲的时候，母亲也可能免不了有点忙乱。正如布里吉德·舒尔特指出的那样，女性的休闲时间通常涉及大量的类似工作的活动。她说："女人是典型的计划、组织、整理、发布和执行指令的人，并在外出、节日、假期和家庭活动后负责清理活动。"这些事都是妈妈在做，对吧？

　　最后，她们还要把主要的闲暇时间分配给孩子，仅仅给自己保留了一点"垃圾时间"。舒尔特提到了一项针对洛杉矶 32 位中产阶级妈妈的研究，她们的休闲时间通常只有 10 分钟或更短的时间。[18] 她们很难有较长时间来开展减压和恢复体力的活动。正如我们所知道的，男性的确也有这种情况，但女性的情况更严重。

　　家务负担的加重，常常会使女性产生想要逃避的紧张和压力。

我们在第二章中探讨了心理学家米哈里·契克森米哈对心流的观察，他指出，男人在家里比女人更快乐，因此他们在办公室的情绪也会得到改善。

正如舒尔特在报道契克森米哈的发现时所说："妇女……被报告说大多数女性在中午时感到最为快乐，而这刚好是工作时间。在下午五点半到七点半之间，由于工作产生的心流状态光芒逐渐消退，她们就会感到最烦躁。"哄孩子、准备晚餐、监督家庭作业、晚上的例行事务以及其他种种琐事，都集中在这一段时间。舒尔特说："对于女性而言，家无论多么充满爱与幸福，都只是一个工作场所。"[19]

梅根

我知道，有些人读到这里，可能会不屑一顾。但令人不安的事实是，社会和经济规范都发生了变化，而文化的期望值却掉队了，远远落在了后面，这段差距只好由妇女来填补。

幸运的是，这些不平等现象正在改善。如今的男人比他们的父辈更愿意重新审视传统的角色和责任。例如，乔尔和我已经改变了我们对待孩子、做家务等的方式。但对于无数想要在家庭和工作中都尽

力做到最好的女性来说，不平等现象仍然存在。即使我们抛开烦人的
家务事不谈，单纯的工作经历也会增加这种对女性的不平等。

舒尔特等人指出，嵌入美国工作文化中的理想雇员的形象，是
没有真正的外部家庭责任的，这些人愿意为工作目标付出多到荒谬
的时间，并且不会拒绝牺牲所有备用时间。网飞（Netflix）的多元
事务融合部总监米歇尔·金（Michelle King）将其称为唐·德雷珀
式典范（Don Draper Ideal），这是热播电视剧《广告狂人》（*Mad
Men*）中的一个角色。[20]"他一直都在到处跑，但最后总是回到原
来的地方。"就是那种把人生消耗在"跑步机"上面的角色。有家
庭的男人很难达到这个目标，但对女性而言，所面临的挑战仍然
更大。

这个问题的答案不是像玛莎·斯图尔特和唐·德雷珀一样放弃
平衡，而是无论男女都要完全接受平衡的理念。当然，这并没有那
么容易，文化规范和办公室政策具有惯性，并且抗拒变革。而且更
重要的是，他们的工作方式就像我们可能滑入的沟槽，无须任何额
外的思考或努力就能前进。但是，正如我们已经看到的那样，要保
持平衡，就需要付出更多的努力——从重新协商夫妻间的约定以及
同公司已经达成的交易开始。

亚当　　　　　夏娃　　　　　唐

　　另一位作家认为，平衡的技巧是只有杂技演员才能掌握的。但他还是讲述了宝洁公司营销经理梅兰妮·海丽（Melanie Healey）如何通过重新谈判，得到更好的待遇的故事。最近刚休完产假归来的海丽，受到老板的特别提拔。老板是经典的唐·德雷珀式典范，以早上七点之前就开始开会，然后很晚才离开公司而闻名。这对海丽和她的刚出生的宝宝来说，是行不通的。

　　只要老板同意新的工作时间，她就同意接受新任命。"我计划早上八点到达这里，所以你不能在八点之前开会。"她向老板提出，"我要六点钟回家，所以你不能在五点之后才开始开会，然后五六个小时还没有结束。我要保证六点钟回家。"老板对她的要求感到惊讶，但又不想失去她的辅佐，于是同意了她的条件。[21]

　　让工作和生活达成新的平衡是可能的。

你之所以无法实现梦想，问题在于你自己内心深处并不怎么相信梦想，因此甚至从未尝试过去努力达成。

修正工作目标，和生活完美融合

首先，当我们谈论在工作中成为赢家，并在生活中取得成功时，并不意味着一切都要是完美的。世上不存在十全十美的工作、家庭、休息和兴趣的组合，如果你找到了，你就不自由了。这是个令人感到奇妙的想法。

有时候，即使我们做得不错，还是会感到不平衡。因为平衡需要张力，而这种张力很难维持。错误在于，我们通过全身心投入工作来解决紧张（忙碌谬论），或者我们把工作放在家里（雄心刹车）。紧张可能会造成压力，但这是动态的一部分，而动态使平衡成为可能。一旦我们改变了观点，我们就可以看到，从本质上说，平衡就是一种对我们而言充满挑战但有利可图的生活方式。

在工作中成为赢家，并在生活中获得成功，并不代表你对人生中的所有结果都拥有最终决定权。这不过是很简单的要求：我们优先考虑应该优先考虑的事情，影响可以影响的事情，以及控制可以控制的事情。你并不是总能控制结果，因为结果会涉及其他人。但是，关注什么，以及如何关注，这确实可以由你自己做主。

自以为可以控制人生中的所有结局，这是一种自恋，并不可取。

就你的健康而言，你可以完美地做所有事情，然而仍然可能会罹患癌症；作为父母，你可以做所有正确的事情，但最终可能还是会有一个令人头疼的问题孩子；就婚姻而言，你可以做好所有的事情，但最终还是可能会离婚、丧偶或发生其他任何情况。如果成功必须是这样完美，我们不可能总是那么走运。

庆幸的是，双赢要表达的并不是这个意思。双赢的意思是，在你人生的所有重要领域中，你都可以自由地按优先顺序排列最重要的事情；你应该尽可能按照自己的意愿去生活；你应该把注意力集中于对你最有意义的人员和优先事项上，同时，你还要认识到，这些付出的回报并不总是完全取决于你。

其次，我们需要记住第二章中过度工作的原因。很多时候，我们处于失衡状态，而我们不想改变，我们通过坚持信念来欺骗自己。"我如此重要，是因为太多的人需要我。我被形势所迫，只能照顾一头。"

我们可能需要花几天或几周的时间来研究项目，才能按时完成；为照顾当下最需要关注的领域，我们可能需要推迟一段时间才能充分投入到人生的其他领域；如果你被诊断出患有癌症，你最好坚持治疗，力争康复；如果你的孩子需要额外的照顾，请不要对此做什么权衡，去照顾就对了。但是，如果工作继续使你失去平衡，那么也许它并不像你想象的那么重要，你可能只是沉迷于过度工作的某一条理由不能自拔而已。

重要的是，你有主动权。如果你确实想进行改变，则可以取得不同的结果。如果你正处在一个艰难的处境中，这影响到了你工作和生活的平衡，以至于你无暇关注你应该注意的事情，比如你的健康和家庭，那么就辞掉那份工作，为自己重新设定一个目标。

要改变现状，可能不是今天、本周甚至今年就可以完成的，但是，事先准备好从不利于自己的环境中退出的策略，你才能有自己的人生。按照自己的方式设计人生，总是有可能的。你可以选择，问题仅仅是，你是否有想象力和改变现状的欲望？

高效练习

规划优先事项，有序提升工作效率

当我们与客户谈论工作和生活的平衡时，我们经常听到的情况是，他们的日程表上写满了优先事项，但是仔细分析，这些优先事项其实是别人的，而不是他自己的。这种情况确实很容易发生。无休止的工作文化会剥夺我们的空闲时间，当同事和客户在任何时候发来电子邮件，都希望能马上收到回复时，你就很难腾出时间进行社交，甚至睡觉。

这种情况有时是我们自己造成的。我们渴望接触新的机会，也许我们正处于职业生涯中"出太阳的时候晒干草"的季节；或者我们只是想给人们提供帮助；也许在社区存在一个机会，你可以进入一个委员会或充当志愿者；或者被要求在学校中担任特殊委员会的成员。你的日程表上满足了所有人对你的希望，自己却一无所获，而且你甚至没有意识到这一点。

解决方案是主动安排自己的优先事项。在上一章中，我们讨论了约束你的工作日。现在是时候查看一整周，而不仅仅是一周的工作日。平衡要求我们弄清楚整个事情。

一周就像第四章"双赢"练习时用的水杯，它的硬边界定义并约束了我们的时间。每周有 168 个小时，你将如何填充它们？如果你想回答这个问题并按照答案去做，这里有一些相关建议。

计划理想周。要计划理想周，你需要 7 天的空白模板。笔者建议使用以星期一作为一周开端进行排序的日历，这就是在"全关注计划器（Full Focus Planner）"中采用的方式。但是，采用以周六或周日为开端，或其他组合的日历，也同样有效。现在想象一下，时间都去哪儿了？

如果你还记得我们在第三章中讨论到的不可让步的事务，那么你已经获得了关键的分组：个人保健、优先关系和职业成就。你还可以查看第三章中的十个人生领域，以确保你没有遗漏任何内容。因为你已经对自己的一天进行了约束，所以你知道何时开始和停止工作。如果你的工作日一天要花 6~8 个小时，那么你就有很大的余地可以用于娱乐。下面这个构思主要是安排业余的各种活动，为你提供你想要的平衡。

理想周							
	周一	周二	周三	周四	周五	周六	周日
8：00	早晨的例行公事						
9：00	工作日启动						
10：00	沉浸工作						社区
11：00							
12：00	午餐					家务活	
13：00	组会				外部会议		家庭
14：00							
15：00							
16：00							
17：00	工作日收尾						
18：00	练习				约会之夜	朋友聚会	
19：00	晚餐						
20：00	自由时间						
21：00							
22：00	上床						

例如，如果你想每周节省一个晚上的时间，用来与朋友见面，请在"理想周"表格里把它标记出来。如今，我们的社交活动相比以前减少，未来一段时间里日程的不确定是主要原因。[22] 最后一刻通知的会议或随机分配的工作，会使我们夜晚的时间变得紧张，这个很难事先与朋友或者其他人制订计划。但是，如果你事先知道重要事项，情况就不一样了。例如，周四晚上是你和朋友们的聚餐之夜，在安排日程时，就把时间预留出来，设置好时间的"硬边界"，这样就不必担心到时候你可能取消计划，或者因为你对自己的计划没有足够的信心而放弃。

这也适用于常规的就寝时间、叫早时间、瑜伽、约会之夜、家庭晚餐、社区活动、沉思、散步等。你应当标记出时间并实现它。可预测性能够保证更大的成功概率。

预安排下一周。如果你主动关注即将发生的事情，你更有可能保持平衡。因此，笔者还建议你预先安排一周，最好与配偶或伴侣一起预安排。在一周开始之前，要花一点时间来查看截止日期、约定、事件等。家长会、医生的预约、招待晚宴，以及其他事件都不是突如其来的，但是有时候我们会忘记他们，或者相互关系中只有一方知道它们的存在。

谁在做什么以及什么时候做，这是一个明确预期的机会。当我们排除意外时，平衡更容易管理。在全关注计划器中也有一个工具，但是你可以使用任何你喜欢的日程表或计划工具来实现。

尽可能安排具体内容。大自然厌恶真空，工作也一样。周末的挑战之一，是因为我们不知道自己还能做什么，这也是为什么我们会失去平衡，以及会过度工作的原因之一。除了在"理想周"中计划一般的时间段外，你还需要计划每天，尤其是周末（你也可以使用全关注计划器来做到这一点，但这不是必需的）。

对于我们许多人来说，通常把周六视为复盘日，把周日视为启动日。如果我们没有其他安排，那就更是如此。第二章中讨论的过度工作的原因仍然是正确的。在周末，未读报告、未答复的电子邮件或未写完的简报，会把我们从朋友、家人身边拉开，毁掉与他们共度或独自度过的宁静或充满活力的美好时光。

适当放松自己。有些人愿意让事情顺其自然地发展下去，但是也有人通过安排特定的活动受益。与朋友一起修汽车、进行家居装修项目、修指甲或与家人一起远足，如果日程表能帮你跟进执行，那就把它安排进去，就像要会见你最重要的客户一样。

PART 6

用适当暂停
激发高效思考

你还没有列出待办事项。

罗伯特·波因顿
Robert Poynton[1]

原则 4

不要把一切变得有目的性

为忙碌的节奏叫个暂停

1990 年，J.K. 罗琳（J.K. Rowling）登上一列拥挤的火车，从曼彻斯特前往伦敦的国王十字车站。在中途某处，火车突然停了下来，她和其他乘客都只好在车厢里原地等待。4 个小时过去了，火车才继续行驶。如果她对延误感到愤怒，你会怪她吗？整整 4 个小时，任何地方都不能去，什么事都做不成，更不用说呆坐在密闭的火车车厢里，这足以把一个经验丰富的旅行者推到崩溃的边缘。

罗琳不是这样的。她处于无为而为的遐想状态，灵感之窗突然打开，脑海里跳出了一个新的角色，名叫哈利·波特。根据她后来在网站上的讲述，哈利·波特只是偶然"落入她的脑海"，而她的肉身却卡在火车上。罗琳说："从六岁起，我几乎一直在写作，但这个创意让我感到以前从来没有过的兴奋。""我没有一支能用的笔，但我确实认为这可能是一件好事，这样我就可以集中精力思考，并且努力记住它。我纯粹坐在那里，聚精会神思考了 4 个小时，所有细节都在我脑海中不断跳出来，这个瘦削的、黑发的、戴着眼镜的男孩，不知道他自己是个巫师，他的形象对我来说变得栩栩如生。"[2]

等一会儿，她没有笔！创意可能会迅速消失，就像它不期而至。拥有如此令人难以置信的灵感，却又没有可以把它记下来的方式，这一定让人发狂。这个时候就不要介意一列熄火的火车停滞不前，满员的车厢里充满干扰了———一些乘客抱怨延误，翻阅报纸的声音沙沙作响，家长们在安抚无聊和哭闹的孩子，以及其他所有正在发生的事情。

她鬼使神差地牢牢抓住了灵感，回家后立刻敲出了全书大纲，拿出了部分章节样张。这个故事被十几个发行人拒绝，但罗琳最终还是找到了一个了解她要做什么的发行人。她与出版商签订了一笔 5000 美元的预付款协议，当然，出版商早已收回这笔投资。

意外的 4 个小时无为而为的时间窗口的开启，是罗琳意想不到的好机会。《哈利·波特与魔法石》的第一版只印刷了 500 册精装本。如今，《哈利·波特》系列图书的销售量已经超过 5 亿本。它被翻译成 80 多种语言，催生了 8 部主要电影以及周边产品，并生产了超过 70 亿美元的许可商品。根据《金融时报》上的估值，罗琳的品牌价值已超过 250 亿美元。[3]

迈克尔

我在担任图书营销商、出版商和 CEO 期间，曾参与出版数千本图书。我有过与人分享《纽约时报》畅销书和爆红的流行单曲的经历，但从来没有任何单独或系列的成就让我飞黄腾达，让我像背后绑着埃隆·马斯克的火箭一样一飞冲天。

罗琳的成就无人企及。但是，我们必须要认识到，罗琳的故事里有一点很重要：她的成就与被困在火车上的无所事事有直接关系。仔细琢磨她的成就和所作所为，是令人兴奋的。当然她真正做过的事，要比这个故事的情节丰富得多。

体育比赛中，当自己的球队持续处于下风或者比赛进入僵局时，教练往往会叫暂停，让球员擦擦汗、喝点水，调整一下情绪和战术，然后重新上场，局面往往会随之扭转。你想在比赛中成为赢家，就必须善于叫暂停。但是我们不容易接受这个说法，对吗？

定期复盘，及时调整工作状态

经过数周的准备和几个月的忙碌之后，老板问了什么？"我们实现目标了吗？"回答"是"，个人、团队或部门都会享受成功带来的赞赏和荣誉。因为狡猾的公司更乐意给有投资回报的业务部门"加油"，更庞大的预算和更充足的人手往往会紧随赢家。但是，如果回答"否"，你可能就要看别人脸色、被斥责，甚至可能还要更糟糕。成为输家的次数够多、亏损够大，你就要面临削减预算、调任、解雇和裁员的状况。

业务的分解组合、愿景投射、策略、预测、电子表格、时间表、指标、结果等——它们都能够带给人成就感。我们天生就会追逐投资回报，并且我们只有在达到预定目标时，才能获得投资回报。这样做是有充分的理由的。没有成就，企业停滞不前，公司就会倒闭。领导者知道公司生存必须依靠有所作为，这一点至关重要，这就是公司要先实现目标，而不是刚开工就发放奖金的原因。

迈克尔

我几乎有无限的动力想要有所作为。我是那种会不断检查指标，以确保我这个月能够超过上个月的数字（无论它们是多少）的人。我喜欢成功，但是长期这样可能会变得病态。我在前面提到过，在我职业生涯的早期，我经常在早上五点打开办公室的门，晚上六点才锁上。我渴望有所作为。

如果我们不随时保持清醒的话，我们可能会沉迷于我们的角色和成就感，并且把它视为身份标签和自我价值，以至于没有它，我们的人生就会失去意义。工作是实现自我的主要手段（请参阅第二章），这也是它的阴暗面。当我们有所作为时，我们会感到自己有用、充实、乐观和积极。相反，当我们没有达到目标时，就会产生挫败感。

职场上，我们惶惶不可终日，如履薄冰，随时担心有人在抢我们的戏。他们是团队中的高绩效人才，他们在领导面前大出风头，并且获得提拔，甚至可能抢走我们的工作。还记得吗，在颂扬过度工作的价值时，埃隆·马斯克发表过很多言论。他说，如果你投入两倍的时间，你就可以完成两倍的工作。当然，那是不对的，因为边际报酬递减，工作约 50 个小时后，生产力会下降。但是，他在玩弄我们的恐惧和我们的激情。工作是竞争！你不想输！你可能会赢！爱拼才会赢！但是，对有所作为的短视与关注，意味着我们忽视了无为而为的好处。过度工作崇拜者说，一个人应该总是很忙、有所作为。我们认可这种观点，积极努力地用工作把全部时间填满，或者在不工作的时候坐立不安，大惊小怪。但是，和其他信条一样，过度工作崇拜也是错得离谱的。

平衡的法则：安排留白时间，协调生活节奏

笔者的一位朋友经营着一家印刷厂，配备有工业规格的印刷设备。他的机器是最先进的，但正如他指出的那样，它们无法全勤运转。算下来整个印刷系统只能实现 85% 的产能，他需要腾出 15% 的时间对设备进行停机维护。

人也是一样的，需要休整的时间只会更多。孩子们在学校会放假，成年人同样需要休息，这样才能保持生产力。我们的大脑和身体不是为持续工作而设计的，我们需要一段无为而为的时期。

我们需要工作和休息之间相互协调的生活节奏，以便在职场和家庭中都可以做到最好。

正如我们在第二章中探讨的那样，有所作为是我们行为的最终目的，包括已实现的目标、已完成的项目、已检查的内容以及已完结的任务。但是，无为而为的活动是关于自己的，我们享受品味红酒的快感；我们与朋友度过了一个愉快的夜晚，享受他们的陪伴；我们演奏乐器、欣赏音乐。

我们做这些事情是为做而做——在当下体验它们。这种现行的活动，涉及我们人生中工作以外的其他领域。它可以让"总是在线"的那一部分暂时休息，同时也唤醒其他被我们所忽视的部分出来活动一下。当我们这样做的时候，我们会感觉更好。

我们生活中许多最丰富、最具恢复性的活动都与投资回报率无关：兴趣爱好、艺术、朋友社交、音乐、鸡尾酒、手工艺、游戏、读书俱乐部、漫步海滩，或在外面闲逛 30 分钟。这些追求是恢复性的，是用来恢复活力、补充动力的。我们保留这些节目，正是因为我们并不总是以有所作为为目标。

在我们中间，有些人离开工作就感到不自在。由于我们"24小时在线"的企业文化，我们可能会为一封晚上八点收到的邮件"一直拖到"第二天早上都没有回复感到内疚。[4] 一位 CEO 向《公司》（*Inc.*）杂志谈论了他的典型工作日，其中充斥着计划和会议。从早上离开家12个小时后，晚上他终于回家了，他花时间陪伴孩子，与家人共进晚餐，饭后看会儿电视，然后再陪他的妻子聊一会儿天。但是他承认："在此期间，我也一直在用手机查找工作资料。我知道这很糟糕。"[5]

　　这位 CEO 并不是个例。回顾第二章，专业人员不仅倾向于长时间工作，而且即使在一天或一周的技术性工作完成后，也往往会对自己的工作情况进行跟踪。我们虽然试着努力，但是按下暂停键确实很难。

迈克尔

　　即便是对出版业无比生疏的读者，肯定也能理解这一点：一页纸上如果密密麻麻挤满了单词，以致没有空格、没有空白，这样是没办法阅读的。这个不需要数十年的经验就能理解。

　　人生的情况也是如此。当我们的一天挤满任务、活动，忙忙碌碌时，我们的生活就变得不那么怡人了。

　　在第三章中，我们谈到了不可让步的事务。留白的时间通常最适合开展自我保健和活跃人际关系这两项活动。而且我们确实在一周内保留了一定的时间余量，尤其是晚上和周末。但是由于过度工作崇拜，那些留白的时间也遭到了工作的侵蚀。

与上述 CEO 一样，在下班后，即便正在与家人或朋友聊天、散步、看书读报、观看演出或做其他任何事情，我们很多人也会定时检查电子邮箱。根据互联网安全供应商 GFI 软件的调查，49% 的美国员工会在晚上十一点以后检查工作电子邮箱。GFI 还发现，尽管周末有更多时间进行休息、娱乐，但仍有 74% 的员工在周末查看收件箱。[6]休息时间到了，但是我们仍然在工作。我们的脸埋在电话中，工作盘踞在我们的心中。

不是否定自我，而是改变自我

我们的大脑一直在工作。问题是，它们在做什么？一段无为而为的时期，没有绩效指标的重压，会使我们大脑的其他部分也因为轻松而变得活跃，这可能会带来巨大的好处。比如说，心理学家、凯洛格商学院副教授亚当·韦兹（Adam Waytz）就把休闲称为我们的"杀手级应用"。

在讨论了人工智能对当前和将来的就业市场造成的冲击之后，韦兹问到了什么是人类可以做到而计算机却无法做到的。他说，当然有，比如我们的头脑可能走神，但计算机处理器却不会。如果我们的头脑把注意力集中在眼前的工作上，那可能是好事。如果工作时间心有旁骛，注意力不集中，就有可能会忘记回复那条重要的Slack（一款流行的团队协作软件）信息，也可能会难以完成每月的财务报告，甚至可能会错过会议的关键点。但是，偶尔走神也会有所收获，大脑在怠速运转的时候，可以帮助我们把这些收获提取出来，加以反刍、吸收。

思维的游离与创造性思维、解决横向问题以及产生独特想法之间存在紧密的联系。韦兹说："休闲活动通过鼓励我们的思维漂移，使我们脱离了当前现实；这反过来又可以提高我们的思考能力，产

生新颖的想法、崭新的思维方式。""当我们让自己的心思从工作中飘走的时候，我们可能会突然产生更具有创造性的创意，这时再回到我们的任务中去，就能够更好地处理这些任务。"[7]

我们的大脑永不关机，只是状态有所不同。这意味着大脑仍在后台工作，只不过漫不经心。有的作家在创作中会采用这种手法：如果构思还不完整，他会把当天的写作内容以并不完整的句子写下来，因为大脑会在后台一直工作；第二天重新提笔写作时，思路已经变得清晰，立刻下笔如神。休息期间，身体可以恢复活力，这不但不会影响工作，恰恰相反，对工作还大有裨益。

"持续不断的压力或者枯燥的情绪，都不是产生创造力的良好环境。"我们在第二章曾经介绍过心流的概念。它的推广者、心理学家米哈里·契克森米哈说道，"你应该将压力周期与放松周期交替使用。"契克森米哈暗示，放松可能就是一段坐在那里胡思乱想的时间。他还说，当我们走路、游泳、打理盆景、淋浴和做手工艺品时，我们的思维会朝着创造性的方向游走。在这个列表中，我们还可以添加烹饪、钓鱼、打高尔夫球和其他类似的活动。契克森米哈说，攀岩、滑雪或跳伞也可以。诀窍是做一件使你脱离工作环境，并可以使你沉浸其中的完全不同的事情。[8]

过度工作的问题是，我们边缘化甚至完全错过了这些有利可图的停顿期。在这里，我们可以把身心的其他部分利用起来，从而使我们的整个人都投入运转，而不是只注重从工作方面受益。

历史、商业案例研究和杂志刊登的简介文章，都罗列了在无为而为的时期诞生的许多创新性解决方案、产品甚至整个公司的故事。而在我们的迈克尔·海亚特公司的客户中，也有不少人同样经历了突破性的创新，解决了复杂的问题，或者彻底改变了职业生涯，使他们在无为而为的时期有机会酝酿出更快乐、更健康的人生成就。

规划思考的时间，盘点自己的需求

因为经历了自我强制的两个星期无为而为性质的休息，笔者的培训客户艾米（Amy）获得了她的创业灵感。但是，最初这是她出于无奈才做的事情。艾米当时是一个极其想要有所作为的人，在一家非营利性的咨询中心做全职工作，一边读研究生，一边养家糊口。她的习惯是挪用了睡眠时间，晚上学习到深夜。因此造成睡眠不足。第二天一大早就起床，给孩子准备上学的东西，接着去上一整天班，晚上再跌跌撞撞地回到家里做晚饭。这是她的生活常态。

三年来，艾米一直疲于应付她不可能完成的、无边无际的日程安排。艾米意识到，自己的日常工作只不过是在"戕害自己的家庭……这是很糟糕的"。更糟糕的是，她觉得自己并没有遵循内心的意愿，去做想做的事情。她甚至一度以为自己会精神崩溃。艾米对丈夫说，"我可能需要住院，我觉得我很抑郁。"

这时候，她决定强迫自己休两个星期的假。她以前从来没有这样做过。像大多数成功人士一样，她深陷于工作的泥淖之中，相信长时间离开工作只是一个白日梦。我们深切地知道她的感受，在我们大部分的职业生涯中，如果我们在假期不工作，就会感到内疚，我们会觉得自己很懒惰，并且会在某种程度上认为，自己让公司失望了。

在休假期间，艾米没有去可以瞭望海景的棕榈树下喝柠檬水，也没有计划去巴哈马或者世界其他地方来一次大冒险。取而代之的是，她决定什么事都不干，只是在后院闲坐。艾米本能地知道，她对未来缺少清晰的想法，于是她强迫自己离开工作的"跑步机"，在自家后院足足待了两个星期，闭目遐想，去深入思考，驱使她往前走的动力究竟是什么？

她说："我坐在后院哭了三天。我早上把孩子们送去上学，然后我真的就坐在后院那儿，一整天什么也不做。也许只是在吃午饭的时候挪动一下自己，仅此而已。当孩子们回家以后，我仍然会坐在那里。"

她承认，在第一个星期的时候有点茫然不知所措。她认为写日记可能会有所帮助。"我起初写的是随机的想法。"她说，"这里一个单词，那里一个句子。"过了一段时间，她终于在矛盾情绪和艰苦思考的乱麻中理出了头绪。当她重读日记本上的随机想法时，她开始看出一些眉目。就在那个时候，啊！灵光一闪，豁然开朗。

"我想起以前我拥有自己的公司。"她说，"突然之间，我真实的想法开始浮现。我发现我想退出的不是咨询行业，我想丢下的是为别人工作的那部分。我依然对帮助人们很感兴趣。"

她没有止步于空想。"我查了一下正在招租的空房，看有没有可供开办心理咨询诊所的空间——只为自己。我找到了地方，打了电话。房东说他实际上正在那儿，他刚好还剩下一个诊所的空间，如果我想看一看就过去。当我到达那里后，我真的就在停车场当面写了一张支票给房东，然而此时我还没有把这个想法告诉我丈夫！这个决定来自我在后院闲坐了足够长的时间后，发现了对我来说最重要的事情。"

两支力量在对抗艾米，这都是来自她的希望——有所作为的旋风。首先，她忘记了她的不可让步的事务（第三章），她没有专注于最适合她发挥强项的职业，而是去从事她缺乏热情，也并不精通的业务。

其次，在未来愿景及当前对策持续模糊的情况下，艾米没有为自己安排进行反思的时间。漫画家蒂姆·克雷德（Tim Kreider）说："闲适所提供的空间与宁静，是我们从生活中抽身出来，看清整个生活的必要条件，这是为了建立意想不到的联系，并等待灵感像夏日旷野的雷电一样闪现。闲适是完成任何工作所必需的，这似乎是一种矛盾。" [9]

的确，一旦艾米抽出空闲时间，被灵感的雷电击中，其结果就是同时改变了事业和生活。"我决定发展自己的业务体系，这是一个重大的决定。"艾米说，"我最初以为开办这个诊所只不过是我自娱自乐，但是我很快就有了许多客户，多到超出了我的接待能力。在短短两年内，我从一个人单打独斗，到现在已经发展成为一个由 16 名咨询顾问组成的团队，我的业务量达到了 7 位数。我还有一个在线平台，雇用了 5 名客服人员，我们准备在这个月再增加 2 名。如果我没有坐在后院无所事事的两个星期，把时间用来思考，我可能仍然在替别人工作，终日郁郁寡欢。"

因为艾米使自己处于"中场休息"状态的时间足够长，足以使她重新找到自己的真正激情，及时做出了改变。今天，她活在双赢中。

20年来，雄心勃勃的成功人士、威瑞森（Verizon）电信公司的工艺工程师塔玛拉（Tamara）实施了许多旨在改善工艺、消除浪费和增加利润的大型项目。塔玛拉告诉我们："我的工作是入驻公司负业绩的部门，对其运转状况进行评估，以决定我们如何改善流程，并把它转变为利润更高的部门。"她的大多数项目为公司节省的成本达到数百万美元。

多年以来，她75%的时间都用在出差上。曾经有一段时间，塔玛拉过着与行李箱为伴的忙碌日子，穿梭于各个城市之间，四处演讲，屡创佳绩。她从来没有给自己留一段闲暇的时间。她坦言，即使她设法在自己的日程安排中找到一些空闲时间，"我也会用这点时间再去做5件其他的事情"。

有一次，塔玛拉发现自己被困在新泽西州纽瓦克的机场了。这个机场以航班延误而臭名昭著。但是这次延误简直令人崩溃——整整6个小时。幸运的是，和J.K. 罗琳一样，这次，在无为而为的状态下，塔玛拉也打开了一个灵感的重要窗口。

"在机场登机口所在的那个区域，没有任何可以让你给手机或电脑充电的插座，也没有电视机。"塔玛拉回忆说，"因此，你只好老老实实地坐在那里 6 个小时，思考、看人或看书。"知识型工作者拥有的最宝贵的时间，就是思考的时间。塔玛拉的团队当时正试图重新设计计费系统。问题是，已经提出的建议都不可行。一个新的想法刚刚提出来，马上就有人出来否定说："这个我们以前也做过。""我们提出的解决方案，都不是新鲜或创新的想法。"她说，"但是，那天在机场那个鬼地方坐了那么长时间，无所事事，一个想法就浮现出来。"

塔玛拉提出了一种重组计费系统的方法。和以前的建议不同，这次是他们还没有尝试过的方法。她说："我以前甚至没有考虑过。"但是由于有空闲时间，她找到了解决方案。"这个项目最终为企业节省了 1000 万美元。"6 个小时的无为而为，创造了千万美元的价值，真是非常了不起。

到目前为止，我们已经看到了"无为而为"所蕴含的强大力量。但是这些都是出于绝望的境地或不得已的特殊情况下出现的特例。那么，我们可以从类似的经历中得到怎样的启发呢？

> **我们要有意识地从工作中抽出时间来解决问题，思考、琢磨和做梦。**

第四章中提到的罗伊，他是家居装修行业的一名客户经理，一位令人羡慕的成功人士。他的母公司拥有 6000 名员工，年收入达 40 亿美元。他像他父亲以前一样，已经投身公司服务数十年。他对自己业务范围内的事了如指掌。几年前，罗伊 80% 的时间都在四处跑业务。虽然他的大部分工作集中在田纳西州中部，但他还在诺克斯维尔、查塔努加和亨茨维尔发展业务。

尽管他在三年内把自己业务部门经营的资产规模从 2400 万美元扩大到了 4000 万美元，但每时每刻他都感到无限的压力。"我只是火车的残骸，"他说，"我没能够陪在家人身边，具体工作我也不在场，还有好多事情没有做完。所以，真的是这样，我在生活上没有取得成功，在工作上也不是赢家。"请记住，罗伊有 12 个"预算内"的孩子，除了 7 个是亲生的，还有 5 个是养子，是他和他的妻子看到利比里亚的恶劣局势，一次性全部领养的难民孤儿。

罗伊终于认识到，他想要保持一切顺利的话，就不能继续维持目前的业务模式，必须另辟蹊径，重新选择。"我需要一个平台来训练其他人，在这个平台上，我们把管理的所有项目的所有信息都集中到一个地方，一些事可以交给我不断成长的团队。"

问题是，这种平台没有现成的。正当罗伊在琢磨这个问题的时候，脑海里浮现出史蒂文·约翰逊（Steven Johnson）所说的"慢预感"（slow hunch）。[10] 长时间积累的经验和潜伏的念头，突然变成了一套成熟的方案。于是，罗伊与儿子一起担任主要开发人员，在日常工作之余，他们抽出一些精力，开动脑筋，提出了一个软件解决方案，并且开发了配套的平台程序。在这个工具的帮助下，他的业务规模再创新高，销售额扩展到了近 5300 万美元。罗伊打算公开发售这款软件，但是母公司注意到了他的情况，提出由公司买下它，而罗伊则通过系统集成继续收费。他说："这个平台系统的创意来自我为非专职工作创建的思维空间。"

创建无规定目标的区域，彻底解放想象力

尽管这种情况不多见，但是也有把为专业人员提供留白时间作为公司政策的案例。一个具有说服力的榜样，是谷歌的领导团队为

开发工程师们提供了制度化的留白时间，供他们异想天开、大胆创新。这段时间是无为而为的，并没有绩效指标悬在他们头上。

每周有一天，也就是有 20% 的上班时间，工程师们不必完成他们通常的工作任务，可以去探索他们想要的任何项目。这些活动没有议程，没有考核指标，也没有必须实现的目标，类似于一个很大的、花哨的机会"沙地游戏"，就像是让孩子们在一片空地上随心所欲做堆沙子的游戏。听起来疯狂吗？非传统？有风险？它行得通吗？答案是肯定的，而且效果还非常好。

根据一份报告的调查显示："在一整年当中，谷歌有一半以上的新产品是在这个纯粹的员工自治时期诞生的。"[11] 你要是明白这一点的意义所在，那就太棒了。例如，谷歌科学家克里希纳·巴拉特（Krishna Bharat）在这段 20% 的空闲时间里创建了谷歌新闻（Google News），目前每天吸引着数百万的访问者。在这 20% 的空闲时间里产生的其他创新想法还包括谷歌邮箱（Gmail）、谷歌聊天（Google Talk）、谷歌翻译（Google Translate）和谷歌星空（Google Sky）。

这些应用给谷歌公司创造的用美元计价的净利润有多少？我们甚至没必要去计算。谷工程师亚历克·普罗福特（Alec Proudfoot）

观察到："谷歌的所有好主意都是不断从这 20% 的时间里冒出来的。"[12]

当然，这些所有东西的知识产权仍然归谷歌所有，尽管它们是在每周一次的正常工作中断期间产生的。显然，当我们离开常规业务，进入自由创建的未规定目标的区域时，会发生一些非凡的事情。需要更多证据吗？ Twitter、Slack 和 Groupon（一个美国的团购网站）都是从副业开始发展起来的。[13]

无为而为并不意味着你完全什么都不做，它和有所作为的区别，仅仅是它不把实现明确的目标当成驱动力而已。在我们所看到的所有情况下，大部分突破性想法都是无为而为产生的副产品。在这种情况下，人们的思想被赋予了自由的能量，可以自由地游走、想象、创新和梦想。我们说无为而为有不可思议的力量，就是这个意思。

培养良好的兴趣，激发创意和思维逻辑

当笔者的朋友道格（Doug）遇到健康危机时，他的医生告诉他："连续工作的压力，会对你的健康产生负面影响。你需要休息一段时间。你必须这样做，否则就无法康复。"道格反对道："但是我爱我的工作，工作对我来说不是压力。"

他的医生给他解释了这本书中一直在探讨的一个观点：我们的大脑和身体不是为长时间持续工作而设计的，我们需要休息，我们需要养成刻意工作和休息的节奏。最后，医生问他："你有什么爱好吗？"道格承认他没有。

是沉迷于过度工作，直至精疲力竭，还是停下来歇一会儿，愉悦一下身心？这么简单的问题为什么会让成功人士纠结不已？其主要原因就是，这些成功人士认为，如果他们不工作，就根本不知道自己该干什么。他们用来逃避的理由冠冕堂皇："我的工作就是我的爱好。"我们从所辅导的企业老板那里，也得到这样的说法。这就难怪，即便在日程表上的休息时间里，也总是可以通过笔记本电脑或手机找到他们，而不是在花园里、溪流边、厨房中，或在草地、小径或田野上。按照第二章的说法，对这类精英人士而言，工作相对不耗体力，工作让他们愉快，而且比兴趣爱好更吸引人。

因此，我们有两种休闲模式：

1. 我们花时间休息，感觉怪异、不安、心烦意乱；然后安下心来做一些更舒服的事情：收发电子邮件、编制电子表格，诸如此类。

2. 长时间的工作让我们疲惫不堪，但是我们难以抽身参与更多有意义的休闲活动，于是选择在 Instagram 上无底线地浏览，或者把 Netflix 设置成自动播放，一边看节目，一边吃点薯片，让我们怡然自得。

这些都是极端的例子，但是我们都有过这两种版本的经验。比较初级的无为而为状态，对于一些人来说，只需要让他们简单地脱离工作，这些也许已经足够了。但其他人可能需要用更猛的药。借鉴我们从米哈里·契克森米哈的心流研究中学到的知识，关键是要培养能够产生心流体验的爱好和休闲活动，用来抵抗沉浸于工作的诱惑。

具有挑战性、引人入胜而且有趣的爱好，这使我们在工作之外有了新的地方可以投入时间和生命，它带来相应的乐趣，会刺激人的智力使其更加敏锐。对于那些热爱烹饪或做园艺的人来说，他们发现了一种感触细腻、感官刺激丰富的体验，与他们日复一日的办公室工作大不相同。而那些以学习外语为爱好的人，则会对与自己不同的文化有所了解。

笔者喜欢钓鱼，尤其是在溪流中"飞钓"。在海亚特家族中，这是世代相传的爱好。这种钓鱼的爱好在家族文化中留下了许多的美好回忆。飞钓必须要把飞蝇放到正确的位置，只有全神贯注，才能把这件看起来简单的事情做成。每次笔者及家人排成一行，聚精会神地提线、放线、挥杆、拽线……内心都充满了平静，同时也感到情绪高昂，心情变得清澈明净。

大量的研究已经证实，兴趣爱好帮助人们活跃思想。不仅如此，一项研究还发现了另一个好处：只要这个兴趣爱好与你的职业不同，多花些时间在业余爱好上，还可以增强人们对自己做好本职工作的能力和信心。[14]

关于从事业余爱好和创造性活动（如烹饪、摄影、绘画和编织）对工作绩效的影响，州立旧金山大学的研究人员开展了一项专项研究。心理学助理教授凯文·伊士曼（Kevin Eschleman）报告说："我们发现，一般来说，你从事的创意活动越多，你在工作中就做得越好。"研究报告指出，"就工作中的表现而言，保持了创造性爱好的人，要比其他人好出 15%~30%。" [15]

保持兴趣不仅仅是提高工作绩效的好方法，研究发现，某些爱好会滋养你的大脑。以下是五种爱好及其对大脑的好处：

1. 体育锻炼可以改善长期记忆，降低痴呆症的发生率；[16]
2. 阅读可以增加左颞皮层大脑的连通性；[17]
3. 学习新语言可以减缓大脑衰老，改善以后的生活认知；[18]
4. 玩电子游戏可以改善空间导航、战略规划、运动表现能力；[19]
5. 演奏乐器可以增强认知技能，提升口语流利程度和学术成就。[20]

这就难怪，历史上一些伟大的科学头脑都有一两门业余爱好，他们知道修身养性对于创造性思维的好处。阿尔伯特·爱因斯坦演奏小提琴，这是他自学的乐器，他有时会和麦克斯·普朗克（Max Planck）一起玩，而当后者不忙于研究量子理论时，喜欢弹钢琴。[21] 新闻记者和评论家门肯（H.L. Mencken）也喜欢弹钢琴，并且定期与一群来自名为"星期六夜总会"的朋友一起演奏，他甚至还写了一部喜剧歌剧。[22]

迈克尔

我从小就喜欢演奏乐器。在整个高中和大学期间，我都曾在一支摇滚乐队中弹吉他。我甚至经常在得克萨斯州的韦科市郊外的酒吧里独奏，一晚上挣 60 块钱，啤酒可以随便喝。

大学一年级结束时，来自奥斯汀的一支乐队邀请我与他们组队，演奏低音贝斯。这似乎是一个很大的突破。他们要求我辍学，搬到得克萨斯州登顿市的一个农场，在那里进行排练，直到我能够自己上路发财。

不知什么原因，我父亲对此表示赞赏。他说："要做这种事情，现在正是你一生中的黄金时间。如果无法获得成功，你可以随时回到学校。万一能够一鸣惊人，那就太好了！这正是你做梦都想要从事的职业。"我简直不敢相信自己的耳朵，于是我收拾行囊，穿上牛仔靴，走出了家门。麻烦的是，我的队友抽烟的时间多过练习乐器。我在那里待了 6 个星期，最终还是离开了。爸爸给我电汇了车费，然后我又回到了文明世界。

这个时候回学校，注册本学期课程继续念书已经太晚了，所以我找了一份登门推销百科全书的工作。爸爸总是说销售是你最容易赚到钱的营生。我从来没有在音乐行业取得成功，但我确实利用自己的销售天赋大展宏图，逐渐成为图书出版行业的佼佼者。但是，这个时候，我自己做了一笔很不好的买卖（也就是本书第一章开头讲的故事）。

当我在公司一个台阶一个台阶往上爬的时候，多年来我一直忘记把我音乐方面的兴趣变成业余生活，哪怕是业余爱好。有两件事改变了这一点。首先，当我发现双赢的力量时，我在日程表上设置了硬边界，这就为其他追求腾出了时间。其次，知道我有多爱音乐时，盖尔给我买了两支美国本土长笛。目前，我拥有大约 10 支长笛，它们的大小各不相同，每一支都是用各种天然木材手工制成的。我已经上了几年的长笛演奏课了，我把它当成我主要的业余爱好，每天练习 20~30 分钟。

必须特别指出的是，在开始新的爱好时，成功人士往往需要克服一大心理障碍，那就是要重新回到初学者的角色，去做一些起初并不擅长的事情，这可能会伤他们的自尊。

人们不追求爱好或外部兴趣的主要原因之一，是他们被一种自我设限的信念所限制。这种信念说"我不擅长音乐"，或者"我没有和可以教我如何钓鱼的父亲一起长大"。你没有想到的是，其实已经有人在世界的某个地方等你，他知道你想做什么，如何帮你解决问题，这就是教练。你可以亲自去看，也可以跟着 YouTube 上的教程学。当我们尝试一种新的爱好时，我们必须从头开始，这种全新的视角会给我们带来新的思维方式。这就是第一次体验学习一些新东西的意义，这对于企业经营是非常有帮助的。

你可能会想，难道就没有更有成效的办法吗？可以用自己的时间来做事，而不是用来维持自己的爱好。答案是肯定的。你总是可以干更多的工作，花上几天或几周的时间，直到找不到第二秒空闲时间为止。但是，正如我们已经看到的那样，要想有所作为，没有辅以无为而为，只能是事与愿违。

你可以做的最能促进生产力的事情，就是时不时地保持无为而为。你的身心将得到更好的休息，你将拥有更多的精力和更好的创意，而且你可能也会更享受人生。

PART 7

用优质睡眠
打败低效努力

睡觉的时间越长，你睡得就越香。

C.S. 刘易斯

C. S. Lewis[1]

原则 5

重塑睡眠习惯

睡不好，工作就做不好

坦雅（Tanya）是笔者培训过的客户之一。根据她的自述，多年以来，她都在压榨自己的睡眠时间，常常每天晚上睡不到 2 个小时。她是一家家族企业的 CEO。这家企业从事精密零配件制造，传到她已经是第三代。她的公司加工的产品，从眼镜用的固定螺丝到航空航天和医疗等无故障行业的设备所需零件，应有尽有。

坦雅有两个非常活跃的孩子，他们都是中学运动队的队员。她的女儿打排球，不时还要到全国各地参加各式各样的比赛。为了陪伴女儿四处旅行，同时又要忙碌地处理办公室的工作，坦雅承认，自己多年来一直处于睡眠不足的状态。

"我对自己说，女儿需要我的支持。因为人在旅途，我不能够睡觉。"她说，"我好像是一个专业的搬运工，把我所有的工作塞进我随身携带的背包里，背着它到处乱跑。因为这个背包巨大无比，我看起来活像是忍者神龟。我牺牲了一切，陪孩子们去他们必须去的地方。这没什么。而且我觉得，每天 2 个小时的睡眠，也已经足够好。"

不过，她还是感觉到，要在工作中成为赢家的压力越来越大了，这是一个事实。"制造业中的女性人数不多，和我同场拼搏的都是智勇双全的硬汉、真正的成功人士。我不知道他们是否睡觉，但我必须与他们的工作方式保持一致。而且，所有人都一直在工作。"她补充说，"即使那意味着我每天只能睡一个半小时，那也是我要做的。大多数夜晚，我都无法让自己的大脑关机。我只是想，我的孩子迟早要去上大学，到那时候，我就可以安心睡觉了。"

有一次，公司的客户由于破产而取消订单，资产负债表上的逆转，使她的处境更加困难。她的公司从有现金盈余，瞬间转变为负债 100 万美元。坦雅觉得，自己对她的 42 名雇员及其背后的家庭负有责任。

她必须找到一种方法来扭转公司面临的艰难局面，这需要花费更多的时间。"我参加了所有活动，但我一直都用风驰电掣的速度进出会场，忙到焦头烂额。我不想那样生活，但是，我并不知道，如果我不那样做，又该怎么办。因为我既是妈妈，又是老板。所以，我掉入了忙碌谬误的陷阱。"

坦雅发现，她的精力已经跟不上工作的步伐，并且也难以继续取得成就。当时她的公司迫切需要她保持最佳状态，但由于睡眠不足，她却无能为力。坦雅的案例具有代表性。睡眠对人体活力具有的更新能力，以及如果睡眠不足会发生什么情况，随着研究的不断深入，真相被不断揭示出来。如今，许多成功人士也都正在学习这一点。

睡眠不足让你失去判断力

迈克尔

"没啤酒了！"在十七岁时，这四个字会带来各种危机。曾经发生过这样一件事，在一个星期六的凌晨，我和六个朋友聚在一起喝酒。我们在得克萨斯州韦科市的韦科湖畔找到了理想的位置，韦科湖（Lake Waco）是一个水面达 8400 英亩（约 34 平方千米）的人造水库，没有成人的监督，是城里高中生最喜欢的水库。

危机发生在凌晨一点左右，我们带去露营的啤酒告罄，但是头天晚上十一点以后，所有的地方都关门打烊了，我们没地方买酒。不过我们中间有一位朋友家里经营着附近的一家便利店。"伙计们，"他宣布，"商店关门了，但是我们家冷藏室里有很多啤酒……而且，我有钥匙！"一阵欢呼过后，他们一个接一个钻进我的车里，前面三个，后面四个，挤在狭小的空间里。然后，我们开车进城。

潜入商店后，我们抬走了几箱啤酒，然后回去继续我们的聚会。在去湖边的路上，我的朋友们开始喝啤酒。我们摇下车窗，互相击掌，并为我们的成功大声欢笑。

一会儿，只见前面有一辆警车驶下了马路。那辆警车从我们旁边经过时，速度慢了下来。我从后视镜里瞄了一眼，发现警官看到了我车里的情况。我开始冒冷汗。凌晨两点，有七个半大小子在车上喝啤酒，理所当然会引起警察注意。果然，他的汽车警灯瞬间像圣诞树一样亮起，然后转弯、掉头向我们驶来。我不确定会发生什么事，但我没有靠边停车，坐等对我们命运的裁决，而是猛踩一脚油门，打算逃之夭夭。

一英里后，我艰难地离开主公路，驶进了一个居民区，希望摆脱警察的追赶。当我们在住宅区街道上飞来飞去时，我的同伴们也忙着疯狂地把啤酒瓶扔出窗外，妄图销毁所有证据。这时我发现附近有一个出口，而他们也已经快要把车内的现场处理完了，于是我又来了一个急转弯，顺便玩了一把漂移。但是，看来警官早就预料到了我的这一举动，又有两辆警车挡住了前面的道路。我只好把车刹住。

此时，警车在我身后拉起灯光秀。一位警官跑到我车门旁边："所有人，出来！"他气急败坏地大喊。然后命令我们将手放在汽车车身上，张开双腿站着，同时给我们读米兰达警告（美国警察执行逮捕时，向当事人宣读的权利条文）。

我决定装傻。"这是怎么回事，警官？"我说，"有什么问题吗？"

"从我见到你到现在，我一直都能闻到你的啤酒味。"

我咽了下口水。"但是，"我反对道，"我们没有啤酒。我们很清白。"

他用能让人清醒的眼睛瞪着我，一边摇头一边说："你们这帮小子做了什么，我心里非常清楚，眼里也看得非常清楚。你们把那些啤酒瓶扔出了车窗。小子，这里有一大堆乱七八糟的罪名——

除了在车里有一个打开的酒瓶，还有乱扔垃圾、鲁莽驾驶、抗拒逮捕。"

我的心情变得沉甸甸的。我注定要倒霉了，仿佛看到我的生命正在眼前逝去。但是后来，我们的命运发生了戏剧性的转折。"你们这帮熊孩子很幸运，"他交叉着双臂说，"我们今天晚上在清理号子，没有空位给你们了。现在，滚回家去吧，别让我再抓到你们玩这样的特技了。"

什么？他不把我们拉到警署去吗？他没有给我开罚单吗？他甚至都没有打电话给我们的父母？他只是警告一下就放我们走了吗？我简直不敢相信我们的运气。

我并不为自己那天晚上的行为感到骄傲，那不过是年少轻狂时难免的麻烦。回首往事，我因自己当时缺乏判断力而感到尴尬。当时，在过量酒精的作用下，逃离警察似乎是个好主意。在我和警察赛车时，车上所有的家伙都为我加油助威。但是，至少可以说，那个时候我的判断力是残缺的。为什么讲这个故事？因为有许多成功人士遇到的问题和那天晚上的情形非常类似，同我与我的朋友们一样，是依靠一种类似醉汉的判断力在执行职务。

平衡的法则：安排充足的睡眠时间

睡眠对健康的影响是众所周知的：压力激素升高、免疫力降低、中风风险增加、肥胖、心血管疾病、糖尿病、猝死以及其他不良后果。但是，睡眠不足会对我们工作表现造成影响，带来的后果还鲜为人知。

你每天睡几个小时？三分之一的美国成年人每晚睡眠时间不到6个小时，甚至这个数据还有点浮夸，实际的睡眠时间可能比他们声称的要少。我们真正的入睡时间要少于我们声称的时间，因为我们倾向于把躺在床上的时间都计入睡眠时间，而不是实际入睡的时间。[2]

睡眠不足有什么害处？一旦一个人超过17~20小时不睡觉，他各方面的表现，尤其是精神状态，就很可能接近甚至超过法定的醉酒指标时的状态，而且这个程度很容易达到。假设你早上六点整起床，一直待到午夜，然后在上床睡觉之前被一个项目或一封电子邮件缠住，再追一集自己喜欢的 Netflix 电视节目，18 个小时就这样过去了。

研究人员 A.M. 威廉蒙（A.M.Williamon）和安妮－玛丽·费耶

（Anne-Marie Feyer）在对醉酒的人与睡眠不足的人进行比较研究后，得出的结论是：许多人由于工作、家庭或社交生活可以保持清醒 16 个小时或更长时间。在这段持续的清醒之后，疲劳达到了可能损害安全的程度。[3]

当睡眠不足时，我们的心理和情感能力受到的影响是巨大的。情绪、记忆、决策能力、创造力甚至智力都会受到影响。实际上，按照神经科学家塔拉·斯瓦特（Tara Swart）所说，当你失去一夜的睡眠时，就意味着你"好像在学习上有障碍"。[4]

要实现重要的公司目标，需要有创造性的思维和实时解决问题的能力。但是，由于睡眠不足，创新、模式发现和横向思考的能力都会下降。实现这些功能要依赖于思维活动，而思维过程是依靠睡眠提供动力的，没有充足的睡眠，情况就会变得一团糟。

让自己一整天都保持敏锐的最好办法，除了头天晚上有充足的睡眠，就是午饭后立即小睡一会儿。没有充足的睡眠，我们的效率就会下降，对我们所有人来说，都是如此。

根据神经科学家佩内洛普·刘易斯（Penelope Lewis）的说法："睡眠不足的人提出的原创想法比较少，而且往往会坚持实操可能不再有成效的旧策略。"[5] 研究人员可以通过观察大脑来了解原因。2017 年，一个科学家团队发现，在睡眠被剥夺状态下，神经活动会下降，我们的大脑细胞陷入瘫痪，无法彼此交换信息。[6]

如果大脑运转的速度减慢，我们还会面临其他的相互交流问题。这不奇怪，无论我们是在谈论同事、朋友、孩子、配偶、任何人，除非我们能够调节自己的情绪，并了解他人的情绪，否则我们无法与其他人一起行走在世界上。例如，我们必须能够读取表情并理解语言，睡眠不足会使这个过程变得很困难。

尼克·范·达姆（Nick van Dam）和埃尔斯·范·德·赫尔姆（Els van der Helm）在《麦金斯利季刊》（*McKinsley Quarterly*）中写道："在睡眠不足的状态下，你的大脑在处理一些信息时出错的可能性更大，并且会对与情绪有关的事件产生过度反应。同时，消极的情绪会占上风，你更倾向于用极端的方式和语气来表达自己的感受。"他们指出，研究表明，睡眠不足的人更难以信任他人，而昏昏沉沉的老板，手下的员工敬业程度更低。[7]

睡眠不足会损害我们驾驭人际关系的能力，妨碍我们的生活正常运转，而且，我们甚至都不知道自己的状况有多糟。

> 剥夺自己的休息，我们会因此付出代价，只是不清
> 楚这个代价有多大，也不知道为什么会有代价。

被复杂的思想和推理所驻留的那部分大脑，对过度工作和休息不足特别敏感。在我们的判断力受损时，我们不愿意承认，甚至没有注意到我们的能力也受损。"你的大脑皮层因睡眠不足而关闭，"哈佛大学教授罗伯特·斯蒂克戈德（Robert Stickgold）说，"这是大脑的一小部分在说'我表现不佳'。"[8]

习惯于缩短睡眠时间以清理收件箱、按时完成任务或完成一个项目，可能会给你赢得同事或同行的赞誉。老板会称赞你做成了不可能完成的事。他们就像我当年的酒友一样，看见红色和蓝色的警灯在你身后闪烁，可能还会为你加油助威。过度工作是对有所作为的颂扬，但是，有所作为必须以有远见的自我护理为基础，只看到一时一事，那眼光还是太短浅了。

用 8 小时的睡眠让工作效率翻倍

人们吹嘘自己有多少时间在工作，多少时间在娱乐，但从来不会吹嘘自己有多少时间在睡觉。恰恰相反，通常的情况是，名人高管、著名企业家和他们的追随者都急于证明，夜晚他们只会在被窝里待很短的时间，还说这对他们的成功至关重要。我们已经在本书的一些章节中提到了其中的几个人——埃隆·马斯克和玛莎·斯图尔特，但这份名单还可以继续开列：杰克·多西（Jack Dorsey）、玛丽莎·梅耶（Marissa Mayer）、因德拉·努伊（Indra Nooyi）、塞尔吉奥·马尔基翁内（Sergio Marchionne）、朱莉·斯莫良斯基（Julie Smolyansky）和多米尼克·奥尔（Dominic Orr）……人们觉得必须跟随自己的领导。

在遍布各地的公司中，吹牛的权利流向了工作效率最高、睡眠最少的人，在美国尤其如此。在美国，我们工作时间更长，休息时间要少于世界上任何其他国家。[9]

宾夕法尼亚大学睡眠与时间生物学专业的负责人大卫·丁格斯（David Dinges）把这种庆祝躁动的活动称为"睡眠炫耀"[10]。这与我们在第二章中讨论的"谦虚的自夸"类似。由于过度工作崇拜，吹嘘睡得很少，是让人们知道自己很重要的另一种方式。这是你个人价值正在增加的信号，表明你无可替代。另一方面，这其中也隐含着恐惧，我们担心，如果我们闭上眼睛的时间太长，弄不好要被其他人赶超，或者替代。

在我们看来，这一切似乎毫无意义。正如历史学家苏珊·怀斯·鲍尔（Susan Wise Bauer）所说："牛皮吹得越大，真话反而越少。"[11]电脑屏幕前的工作时间增加，所能获得的收益也许会相应增加。但是，我们不应该只关注这一点，因为失眠可能在其他方面造成损失，过度工作的收益在很大程度上是虚幻的。何况我们已经知道，失眠会带来高昂的代价，我们因此遭受的损失也将日益扩大，这才是我们应该重点关注的。

兰德欧洲公司（Rand Europe）的一项研究发现，美国每年因失去睡眠而损失的 GDP 几乎占总 GDP 的 3%，比其他任何国家都要多。[12]《福布斯》（*Forbes*）作家迈克尔·汤姆森（Michael Thomsen）说，硅谷的高失败率可以归咎于对睡眠的剥夺，硅谷这个地方奖励那些逃避睡眠就像吸血鬼逃避圣水一样的员工。[13]在这种文化中，坏主意的持续时间超过了他们应有的时间，他们的健康和家庭为此承担了后果。

回望公司创建以来的经历，Facebook 联合创始人达斯汀·莫斯科维茨（Dustin Moskovitz）承认，如果不剥夺自己的适当休息时间，他本来会更有所作为。"令我深感遗憾的是，我观察到了高科技行业当前的高强度工作文化。"他说，"我的理智告诉我，这些公司都在破坏员工的个人生活，然而自己却一无所获。"

现在，莫斯科维茨担任工作管理平台 Asana 的 CEO。他回顾了自己在 Facebook 时长期失眠的日子。此时睡眠充足的他说："有一个更好的领导和一个更专注的员工，我会更有效率。我就不会有那么多的一惊一乍和急性健康问题，我也不会与我在组织中的同行有那么多小冲突……我还会更开心。"[14]

研究表明，我们不但不应该压缩睡眠时间，反而应该在睡眠方面投入足够的时间。实际上，可以肯定地说，如果想要双赢，就必须这样做，因为睡眠为人生各个领域的成功创造了必要的条件。

改善睡眠习惯，告别"疲劳后遗症"

不管是在办公室还是在家里，有很多方法可以让自己在晚上睡得更香，这样就可以帮助我们在白天完成更多的工作。

首先，充足的睡眠使我们保持敏锐。你是不是曾经有过这样的情况：在某次会议上头脑一片空白，在办公桌旁打瞌睡，或忘记了自己要去哪里？这就是睡眠不足的后果。对很多人而言，发生的糗事比我们愿意承认的要多。

如我们所见，即使只是克扣哪怕一点点睡眠，也会严重损害我们的心理健康，其表现为精神极度疲劳、注意力无法集中、反应时间延迟，等等。反过来，养成良好睡眠的习惯，会使人头脑清醒、增强判断和决策能力，并改善记忆力。[15]

睡眠可以改善我们记忆、学习和成长的能力。我们确信做智力题也可以做到这一点，但是，充足的睡眠是最好的辅助学习的工具。睡觉时，我们的大脑特别活跃，它整合白天学习到的新信息，对记忆进行处理，从我们所获取的全部看似无意义的东西中，把重要的东西分拣出来。这被称为"学习后睡眠"。[16] 即使是在做梦，这个过程也至关重要。如果我们的工作取决于我们的创造力和洞察力——谁不是这样？那么，睡眠至关重要。

睡眠可以刷新我们的情绪状态。没有什么可以像缺少睡眠那样使我们感到意志消沉、郁郁寡欢和脾气暴躁。要按下重置按钮，只需上床睡觉。睡眠时，大脑中导致压力的化学物质减少了，有助于我们控制情绪。汤姆·拉特（Tom Rath）引用伯克利的一项研究说：

"快速动眼睡眠期，压力神经化学物质处于被有效抑制的状态，记忆的信息被重新激活、解析并进行关联和整合。"[17]如果我们在睡眠上投入足够，那么，我们就可以从情绪上开始新的一天。

睡眠可以使我们的身体恢复活力。我们人体都有一个生物钟，要是我们忽略它的信号，玩得太晚或工作得太久时，我们就人为制造了不必要的压力，而这些压力又会导致抑郁、疲劳、体重增加、高血压，甚至还会更糟糕。但是，睡眠降低了我们体内的压力化学物质，增强了我们的免疫系统，同时改善了人体的新陈代谢。与其在一个项目上加班加点睡不着觉，为什么不干脆为自己的精力充下电，第二天再接着干呢？这样你会做得更好，并且会感觉更好。

底线：我们把睡眠当作是一种奢侈或放纵的所作所为，导致以生产力为名牺牲睡眠司空见惯，但结果是事与愿违。欺骗我们的睡眠就像刷爆我们的信用卡，现在有一条温馨警示——至少，我们感觉是这样——它的账单总是表现为精神能力下降和健康状况不佳。

从好的休息开始新的一天

在上一章中，我们探讨了有利的暂停。尽管在某些领域有所退缩，但是，在我们的文化中，历来都蕴含着休息和恢复的时间。每周休息一天的理念已经有几千年的历史了，它可以确保我们每个星期都有一整天时间用来恢复活力。在《创世纪》的神话故事中，就可以看到神在第七天休息的记载。

但是神学家彼得·莱萨特（Peter Leithart）表示，我们忽略了《创世纪》故事中另一个细微的提法，即无论我们是否信奉宗教，我们都应该关注休息。

"还有一个休息日的模式是在《创世记》中提到的。"莱萨特说，"神不是简单的 6×24 小时工作，然后在第七天休息，他其实每天都有休息时间。"[18] 是这样吗？在《创世纪》讲述的故事中，神在白天工作，但是这个工作时间是在一天当中的下半部分。随着天数的增加，傍晚首先到来，因此严守清规戒律的犹太人认为，新的一天从日落而不是日出开始。东正教奉行的礼拜日也是如此。

"休息时间先于工作时间，"莱萨特说，"这为我们提供了一个线索，让我们思考如何在自己的生活中考虑休息日和休息。我们不仅仅是为了休息而工作。"这就是说，我们不是用工作来赚取休息时间、睡觉时间，我们工作是因为我们已经睡过觉了，因为我们已经休息过了。他说："我们工作其实是在消除休息的感觉，它让我们不至于抓狂。而高效的工作会使我们远离过度工作。因为我们的工作不是在冲锋陷阵，所以我们可以去度假——它是在已经获得成就之后的休息。"[19]

这就是为什么我们应该考虑睡眠的原因，它不意味着一天就这样勉强结束，它是开始下一天的最佳方式。

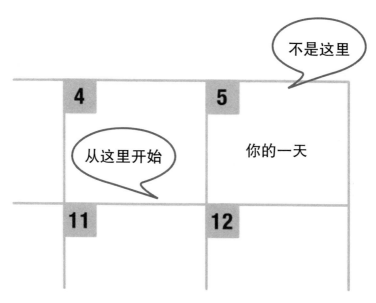

全新规划日历图示例

利用科学睡眠，提升工作效率

我们真正需要多少时间的睡眠？它因人而异，但似乎最少需要每晚 7 个小时。在使用人造光源之前，人类的睡眠时间要长得多。建议每晚最好计划 8 个小时的睡眠时间，根据自己的情况决定。清除大脑的雾霾并不难，一周的良好睡眠足以使你再次变得敏锐。[20]

下面就是确保我们获得良好睡眠的方法。

准备环境。确保房间是黑暗的。我们从环境中可以获取一些生物学线索，如果天黑了，就是在提示我们入睡。一份报告称："室内光线对褪黑激素水平具有很强的抑制作用，同时缩短了人体对夜晚时间的内部感应。"[21] 褪黑素是一种调节生物钟的激素，它被抑制了，我们的睡眠就会受到影响。我们可以使用遮光窗帘以减少外界光线，并且还需要抑制或消除房间内科技设备的光线。

凉爽的房间也有帮助。夏洛茨维尔神经病学和睡眠医学诊所（Charlottesville Neurology and Sleep Medicine）的开办者克里斯·温特（Chris Winter）说，65华氏度（约18℃）是理想温度，因为"凉爽的环境通常很适合自己"[22]。专家认为，凉爽的温度有助于调节我们身体内部的生物钟，这会降低我们睡觉时的体内温度，并在早晨临近时提高体内温度。一些专家说，理想的睡眠温度在60~67华氏度（16~20℃），不过这确实是个人的选择。

运行风扇或调音器。大约有5%的美国人在睡前使用"调音器"或"睡眠机器"。[23] 对于我们来说，这个百分比似乎偏低。风扇产生的白噪声掩盖了外部噪声，有助于我们入睡并保持睡眠状态。

自我调整。晚上避免喝含咖啡因的饮料。咖啡因是一种精神兴奋剂，在晚上摄入会对你的入睡不利。但是，这个因人而异。如果你想喝些能量饮料，请记住，每罐中含有300毫克咖啡因，是一杯正常咖啡三倍的水平。

消除负面信息的输入，尤其是如果你天生玻璃心的话。比如深夜的时候，你的合作伙伴想要临时讨论某个棘手的问题，这样会让你整夜都在考虑他们的问题，没有足够的睡眠来支撑第二天的工作。当然，对于大多数人来说，可能是意味着要避免浏览新闻或社交媒体。

听轻松的音乐。这并不适合所有人，但音乐确实可以成为一种声音提示，它会在潜意识里对我们说："现在该睡觉了。"这里建议建立一个较为宁静的音乐播放清单，最好是器乐，无论是钢琴还是弦乐都可以。拥有固定程序的仪式，对睡眠会很有帮助。

泡个热水澡或冲个淋浴。有大量新的研究支持这个说法——洗澡是改善睡眠最好的非药物方法之一。有多达 17 项研究发现："入睡前持续约 10 分钟的 104 华氏度（大约 40℃）的热水泡澡或淋浴，可以显著改善睡眠质量，同时还可以增加总的睡眠时间。"[24] 洗澡的理想时间，是就寝前一两个小时。[25]

数羊催眠。也可以换成其他单调、节奏固定的大脑活动。虽然这不一定适用于所有读者，但这种单一的不耗费太多脑力和体力的活动，确实有助于快速进入睡眠。

当心睡眠跟踪。关于睡眠跟踪技术，我们认为要特别说一下。Apple Watch、Fitbit、Jawbone Up、Nike Fuel Band 等可穿戴设备，自称可以量化监测用户的睡眠时间和质量。从理论上讲，这些设备利用它们的算法模型，为你提供了"睡眠分数"，并提供了有关如何优化睡眠习惯的建议。然而，对于使用可穿戴设备来追踪睡眠是否明智，已经有越来越多的研究提出质疑。

《临床睡眠医学杂志》（*Journal of Clinical Sleep Medicine*）刊登的一项研究发现，睡眠跟踪器可能会增强"某些患者的睡眠相关焦虑或完美主义倾向"，对他们造成的伤害大于他们获得的帮助。[26]这种沉迷于追踪睡眠周期和追求完美睡眠指标的倾向，被称为"矫眠症"（orthosomnia）。

假设你是那种痴迷于办公室数字的领导者，你不断研究数据，想方设法要改善眼前的数据，并且超越上一季度的数据，这没有错，但是这也是问题所在。在通过改善睡眠次数来优化睡眠时，你的压力水平会增加，最终使睡眠更加困难。[27]何况，大多数睡眠跟踪器甚至还不那么准确。[28]

准时上床睡觉。如果你想睡个好觉，则必须守纪律，准时上床睡觉。对于我们来说，这仍然是一种斗争。但是，我们必须严格遵守对自己的约束。因为哪怕是作为成功人士，也难免有一件闲事要做，哪怕只是追一集我们喜欢的电视节目。

睡个好觉	
● 准备环境	● 当心睡眠追踪
● 自我调整	● 准时上床睡觉

我们必须抵制这种冲动。如果我们不谨慎的话，我们会退让，想等我完成了这篇博文，或者等我处理完我的短信……在某一时刻，我们必须划定硬边界，说："看，我要准时上床睡觉，因为明天也很重要。这样，我的效率会提高两倍。因此，与其再拖延下去，不如现在就上床睡觉吧。"

少花时间多办事，这没有错。但是，如果我们对睡眠不了解，就会降低生产力，甚至有害健康。睡眠是自我完善和有意义的生产性工作和生活的基础，与其将休息和睡眠视为自我放纵，不如将其视为对未来工作的认真投入。

PART 8

高效的执行力
助你实现人生的双赢

有时候，我们仿佛一生都在赛道上向终点狂奔，掠过生活的表面，却从未深入。

塔拉·布拉奇

Tara Brach[1]

用五项原则对人生进行把控

迈克尔

多年前，我和盖尔去毛伊岛庆祝我们的周年纪念日。到达的第二天，我们参加了浮潜课程。我们从游泳池开始，然后进入我们酒店旁边的珊瑚礁海域。这时的体验，就像在一个巨大的水族馆里游泳一样，我们非常喜欢这种体验。当天晚些时候，我们租了一些浮潜用具，决定自己冒险。我们认为自己发现了一项可以一起做的新运动。

次日一大早，我们就去了海滩。周围没有别的游客，整个场景就像《蓝色潟湖》（*The Blue Lagoon*）中的一幕——原始、宁静、令人惊叹。我们等不及要下水了。当我们在潟湖的浅水中漂浮，脸朝下把头埋进水里时，我们被水面下几英尺处的水生生物迷住了，如痴如醉。我们看到颜色鲜艳的鱼，轻轻摇曳的植物，当然还有活跃的珊瑚虫。这真是一段令人赞叹的体验。

我们玩得忘乎所以，完全忘记了身处的环境。过了好长一段时间，我才把头从水中抬起，我喘着粗气，环顾四周，惊讶地发现，海潮已经把我们推到了大海的深处，海岸线看起来似乎已经太远了。我们的酒店以及沿海岸线的所有酒店看起来就像是远处的玩具。我立即向盖尔大喊大叫。幸运的是，盖尔离我只有几英尺远。她抬头看了看我们的困境，然后几乎慌张地看着我。"天啊！我们都做了什么？"

幸运的是，我们带了一只布吉冲浪板，原来准备用它来放置贝壳和我们希望在海底找到的其他纪念品，现在派上了用场。为了保命，我们俩都抓住冲浪板，并且开始努力往岸边划。真的，我们划了一个多小时，最终，我们好不容易靠近了海岸。我们站在浅水里，跋涉到海岸，倒在沙滩上，筋疲力尽。

意识到我们离灾难有多近，真有些后怕。当我们清晨滑入水中时，原本并不想要这样的结果。你可能会说，是水里的暗流用阴谋害了我们，使我们最终被带到了一个不是我们最初选择或预期的地方。更糟糕的是，我们还迷失了方向，除非我们逆流而上，否则我们在海上会遇到极大的危险。

在当今成功人士的生活中，也存在着类似的漂移现象。过度工作崇拜是一股强大的潮流，如果你不了解它背后所隐藏的力量，它也会使你在不知不觉中远离人生的海岸。

即使我们知道它强大的能量，我们仍然可能屈从于当前。不过，回头是岸，现在抵抗它应该比较容易了，你已经有 5 个关键的原则来解决这个问题，并且有对应的练习，来帮助你实现它们。

过度工作崇拜者说——

◎ 工作是人生的主战场；

◎ 对工作的约束扼杀了生产力；

◎ 工作和生活的平衡是一个神话；

◎ 你应该总是很忙；

◎休息浪费了本可以用来工作的时间。

但是，到目前为止，你已经知道——

◎ 工作只是你人生定位的众多方式之一，你可以自主定义自己在工作中成为赢家和在生活中取得成功的模式；

◎ 约束促进生产力、创造力和自由度，你可以主动约束工作时间；

◎ 达成工作和生活的平衡并不难，除了工作以外，你还可以安排对你和对你最重要的人真正重要的事情；

◎ 无为而为有不可思议的力量，你可以维持对身心有益的业余活动，使自己感到身心愉悦、青春焕发；

◎ 休息是有效工作和高效产出的基础，你可以用晚上睡个好觉来开始新的一天。

换句话说，你现在知道的是，双赢是有可能实现的。你真的可以在工作中成为赢家，同时在生活中获得成功。在前面的章节中，我们已经探讨了如何操作，现在让我们利用最后一章进行深入探讨。我们将首先探讨，为达到双赢的目的，个人可以做什么，然后更进一步，再来研究领导者可以做什么。

列好生活必做清单，从现在开始改变

梅根

在我患有克罗恩病期间，我做了两次手术，进出医院已有一段时间。在那段时间里，每次我从昏睡中醒来，转过身子，似乎都是护士在刺我的手臂进行静脉输液或采血。这段时间让我很厌烦。

这时，我的一位亲爱的朋友和导师，她也刚刚从疾病缠身的困境里走出来，她向我介绍和推荐了蝴蝶针，这种针要比普通针头小，使用时带来的痛楚也小一些。我说我要是提出换针头的要求，在别人看来，会不会显得很软弱？但是我的朋友反驳道："你应该尽可能让自己轻松一点，梅根。没必要把事情搞得太复杂。"

安妮·拉莫特（Anne Lamott）在她的《写作课》（*Bird by Bird*）一书中谈到"激进地站在自己这边"[2]。我总是把拉莫特的建议和我朋友的建议结合起来：站在自己的一边。如果在客观条件下很难做到这一点，就努力让它变得更容易，而且要不遗余力地去做。

个人可以做什么
●确定你想要的
●交流你想要的
●安排你的人生，以获得想要的东西

有时，我们会出现一种"公司斯德哥尔摩综合征"，其表现是，我们辩解并捍卫公司和朋友圈中过度工作的文化。[3]这样不行，我们必须停止对自己不利的言行。你认为呢？关于个人可以做什么，我们不妨从三个主要方面来入手。

确定你想要的。当我们身在海潮之中时，对自己所处的不确定的漂移状态是不自知的。同样的道理，身处弥漫着过度工作崇拜的职场环境，我们常常不知道什么是过度工作，也不知道我们为此付出了什么代价。对于我们大多数人来说，在我们习惯了这样的粗暴对待之后，我们可能还感觉正常，好比我们浮在游泳的水里，而水流将我们带到了它们想去的地方。

如果你想获得双赢，则必须逆流而上。首先要弄清楚什么样的双赢看起来更适合你。

拥有蓬勃发展的职业生涯对你来说是什么样的？拥有充满活力的个人、家庭和社交生活对你来说看起来像什么？考虑一下你的不可让步的条件。足够甚至理想的自我护理对你来说看起来像什么？你的目标是什么？优先关系是哪些？你有想要的友谊吗？还有，你想要的配偶关系是什么样子？想要的孩子和大家庭呢？你想在工作中负责什么？你每天要工作几小时？

在人生的所有领域中，"赢家"对你来说是什么样的？为了帮助你定义自己的愿望并实现理想，你可能会发现，制订人生计划和设定年度目标会有所帮助。需要强调的一点是，进步总是始于愿景。愿景宏观而抽象，像一幅巨大的印象派画作，一开始，你不必要求它十分具体，当你朝着想要的方向迈进时，它就会逐渐变得清晰。但是，你必须知道最终的目标在哪里。

交流你想要的。 除非你对自己的时间和金钱有非凡的判断力，你很可能会委托其他人来打理，由他们对如何处置这些财富负责。他可能是你的生活伙伴或业务伙伴，可能是你的董事会，也可能是你的老板、你的团队，或者是你的客户或供应商。我们的人生和生存环境有千丝万缕的相互联系，合作伙伴、老板、客户和其他人也都站在他们自己一边。获得我们想要的东西，意味着我们必须在可能的情况下，探讨相互的沟通与合作。

但是，希望大家一起动手，齐心协力来改变过度工作的局面，这种情况不可能成为常态。在一项针对高强度工作的应对策略的调查中，有 43% 的员工默认过度工作的习惯，而 27% 的员工则假装遵循长时间的工作习惯，只有 30% 的人愿意倡导变革，使他们的工作能够符合他们的生活和需求。[4] 当然，倡导改变也存在个人风险，包括来自不支持的领导者潜在的阻力的，事不关己的同事提出的批评，同时晋升的机会可能更少。

对于那些想努力维持自己左右逢源局面的人，或者总是避免同他人产生冲突的人来说，倡导改变对他们尤其具有挑战性。但是，取悦他人的人，至少应该也以取悦自己为目标。毕竟，自己也是人。而且，如果我们试图避免冲突，那么我们更应该认识到，内心的冲突也是冲突。当我们默许了那些让我们的工作和生活失去平衡的请求和索取时，给我们造成的内心冲突，其实已经远远超出了合理的范围。

当然，划出新的界限，重新谈判旧的约定，并且重新定义现有的关系，肯定不是那么容易的事。但是，如果我们要体验双赢，这绝对是有必要的。一些成功的职场人士做到了这一点，并且取得了很好的效果，通过本书，我们已经看到了这样的例子。例如：第五章中的宝洁营销经理调整了自己的工作时间；罗伊说服了他的上司，业余时间不要打扰他，并让他继续开发自己的成果。这些事是可以办到的。如果办不到，你可以自己重新找一份，或者创造一份更适应自己的工作。

安排好你的人生，获得你想要的东西。确定自己的欲望区，也就是你最热忱和最精通的工作领域，在这个领域里，你能够充分感受到自我的价值。这个概念非常简单：只有你的工作是你所擅长，同时也是你所热爱的事情的时候，它对你而言才是享受。

再说到家庭。养家是一项全职工作，即使没有孩子的人也可以证明，做家务是必要的活动。为了维持合理的工作－生活平衡，双就业家庭中，夫妻双方必须分别负担并各自承担对家庭的责任，或者寻找淘汰、付诸自动化和外包部分家务事的方法。比如像打理院子、杂货店购物、洗衣、烹饪、清扫家居和维修家具，诸如此类耗时费力的家务事，在有条件列入预算的情况下，都可以外包出去。单身人士，尤其是单亲父母也是如此。

那么，怎样才能让你更轻松呢？根据你的资源，你可以找专门的服务机构或者劳务人员来处理部分家务，甚至把一些你所能做的，也通过淘汰、付诸自动化和外包的方式全部剔除出去。严格来说，你无法赢得时间，但是有些服务商却能够帮你节省时间。

问问自己，什么对你的人生更有帮助：是去杂货店购物还是小睡一会儿？是和孩子一起到洗衣房折叠衣物，还是陪他们到公园骑自行车？因为周末没有时间，今晚你是和伴侣一起共度良宵，还是一起打扫房间？在哪里最能释放你的激情和发挥你的特长，你就应该把你的业余时间投入到哪里。

设置激励制度，成为高效生活的推进者

当我们谈论双赢时，领导者通常会感到兴奋。他们通常生活在用来和别人相互对照的统计数据中。冷冰冰的统计数据总是让人感到紧张甚至恐惧，所以他们受过度工作的折磨比任何人都更厉害。因此，当我们谈论如何在工作中成为赢家，并在生活中取得成功时，他们会感到很兴奋。这就像把救生圈扔给溺水的人。处于绝望境地的人们，通常不了解其他人的困境，这有时也适用于领导者。但是一旦他们摆脱了过度工作的束缚，他们就有责任解放自己的团队。

例如，我们知道，会休息的员工就是更好的员工。而且，把职业生活和家庭生活区分开来几乎是不可能的。当我们的个人生活因过度工作而受到影响时，我们的工作也将受到影响，或者说最终会受到影响。最糟糕的是，倦怠会产生犬儒主义，也就是遇事装傻、得过且过。由于生产力降低，过度工作的员工不但不能从自己的牺牲中获得任何实际收益，反而要在高强度的工作环境中保持活力，这就会是一场严重的灾难。精疲力竭不仅损害员工的职业和个人生活，还滋生了嘲弄他人的愤世嫉俗的态度，这种愤世嫉俗会腐蚀办公室文化并损害客户关系。当员工们认为合作是零和博弈：如果公司想赢，他们就必须输的时候，这些人就很容易转化为组织的害群之马，并在组织内外传播毒素。

解决这些问题的最可靠方法，就是让你的团队亲自体验双赢。这必须从领导者开始，因为领导者不仅要为双赢做榜样，而且要在组织内甚至组织外拥护双赢。当然，解铃还须系铃人，造成过度工作的有些原因是结构性和政策性的，也只有领导者才可以消除。

要在你的组织中建立起双赢文化，可以做很多事情。但是，笔者只建议你做五件事。

做双赢的模范。向你报告工作的人、与你一起工作的人，都会在不知不觉中模仿你。特别是下级对组织领导者行事风格的模仿，通常是无意识的，而且是自然而然的。对此人们身不由己。

领导可以做什么

- 做双赢的模范
- 和你的员工共享信息
- 给你的团队更大的自主权
- 约束工作日和工作周
- 为你的愿景提供资源

作为领导者，你对这种模仿行为也爱莫能助，只能顺势而为。你是决定发展速度的领头羊，是始作俑者，如果你每周工作 70 个小时，你的员工会认为，他们也必须每周工作 70 个小时，因为这样才有可能让你满意。你设定了标准，他们就会自然而然地认为，这是他们必须遵守的标准。

问题是，他们中的大多数都无法跟得上你的节奏。作为领导者，你要对后果负责。如果你的婚姻不会因此有麻烦，那当然最好，但是如果你手下会呢？他们的婚姻因此有了麻烦该怎么办？如果他们离婚，他们的孩子出了状况，或者他们的健康状况不好怎么办？这都是因为，作为领导者，你没有利用自己的影响力对员工产生积极影响！你是否能够承担这份责任？

最重要的是，你想要看到什么样的表现，你就先要成为这方面的楷模。

◎ 全方位关注人生成就，而不是仅仅关注工作，这属于短视关注。

◎ 有约束的工作日和工作周，以及它所培养的创造性思维。

◎ 工作和生活的平衡。

◎ 主动地无为而为进行业余时间消遣。

◎ 睡觉。晚上十一点后不再收发电子邮件。

和你的员工共享信息。我们在第四章中讲到，现代工作要求我们把自己的工作提高到某个程度，这需要为员工进行大量智力甚至情感上的工作。如果缺少公司的愿景、目标、战略重点和关键节点的实现，或者管理层对其保密，则尤其需要对员工的情绪状态倍加关注。

要想让员工有出色的表现，领导者应该和员工共同分析、理解公司的关键信息，经常分享公司的愿景和目标，讨论策略，同时说明各个工作岗位在实现目标和将愿景变为现实的过程中扮演了什么角色。公开讨论进展情况也很关键，包括随时和尽可能地讨论财务业绩。这些都具有让员工在工作中少走弯路，提升员工工作效率的作用。你要把情况讲清楚，做到像水晶般透明。

给你的团队更大的自主权。一旦你的团队成员明确了愿景、目标和策略，你就没有必要在日常管理中对他们坚持严格的控制。

让你的团队在工作的范围和岗位设置上尽可能多地自治。

艾琳·凯利（Erin Kelly）和菲利斯·摩恩（Phyllis Moen）教授说："当员工更好地控制他们的工作时间、地点和方式时，他们的压力减轻了，健康状况的报告更好了，并且更愿意投入工作并致力于工作。"[5]

这里不妨以迈克尔·海亚特公司为例。迈克尔·海亚特公司属于半虚拟的企业，虽然有自己的办公场所，但也允许员工根据需要在异地工作。公司有无限制的带薪休假，并且能够确保所有团队每年休假充足。不过，公司里从来没有任何员工滥用特权。

约束工作日和工作周。如果你招聘到表现出色的人才，这当然是求之不得的好事。但是出色的人才往往过度依靠自己的意志力，特立独行，这种个人禀赋将是你和他们共事时可能遇到的最大的问题。作为领导者，你应该尽可能地对这一点进行约束，并且从约束工作日开始。

第二章中提到的过度工作的原因之一是心比天高，这里包括对我们自己、我们的老板和我们的客户的期望。除了整天工作的明确指令之外，没有什么期望比哈佛商学院教授莱斯利·珀洛（Leslie Perlow）所说的"响应周期"更具有反作用。

它始于正常工作时间之外的合理要求。善意的员工会响应这些要求，不过这就表明，如果还有此类要求，他们也很容易再次接受。"一旦同事体验到这种增强的响应能力，他们额外的要求就会与日俱增。"珀洛说，"已经工作了很长时间，大多数人还被迫接受这些额外的要求（无论是否紧急），而那些不愿意承担的人，则会被打上对工作不够投入的烙印，冒着被说不具有职业操守的风险……大多数人甚至没有注意到他们把自己的工作方式已经变成了 007 工作制。"6

领导者可以通过制定政策的方式，正式约束工作日和工作周，以根治这一问题。迈克尔·海亚特公司禁止任何员工在工作日结束后或在周末发送 Slack 消息以及电子邮件。公司还积极劝阻其他人在这些时间段内发送此类消息。如果出现紧急情况，彼此会通过手机发短消息通知，但这种情况很少见。这样，在工作时间结束后，员工不必继续跟踪工作进展，因为已经没有工作还在进行。

我们必须保持灵活性，并时不时地处理紧急项目或其他紧急情况，但是对工作日的约束，确保了公司文化和公司政策的稳定和实施，积极地防止了过度工作。

另外，不要忘记约束工作日和工作周长短的问题。许多公司都在尝试减少每个工作日的工作时间，并从尝试中获得回报。如第四章所述，迈克尔·海亚特公司的工作时间为 6 个小时，还有一些公司尝试了一周 4 天的工作时间，证据继续显示，这些实验都取得了成功。[7]

　　为你的愿景提供资源。最后，如果你的愿景、目标和策略始终需要你提高员工的备用时间，则说明哪个地方出了问题。笔者在这里并不是针对你的愿景，问题出在你的资源上。偶尔有时间的额外需求是正常的，但是正如珀洛的响应周期所描述的那样，额外的需求很容易成为常态化的工作量，这才是一个根本问题。

　　工作和生活之间的平衡不是神话，但是有时由于工作量和期望值完全不合理，使这种平衡成为不可能。成功人士的愿景，总是超越他们的资源约束，因此才会需要用过度工作来弥补。有效的领导者与单纯的包工头的区别在于，他们有智慧，知道自己应该对员工提出多少要求，对资源有足够的判断力，并在需要时对其进行投资。要知道，员工的人生不是为公司的宏伟计划提供资金的信用卡。

立刻行动，向高效的人生进发

　　无论你是个人还是组织的领导者，你的未来都在某种程度上取决于你现在所做的选择。你将永远无法比今天和现在更好地实现未来。如果你等到下个月、下个季度或明年再来开始尝试进行改变，则只会变得更加困难。

　　无论你在当前现实中感到多么沮丧，你都可以避免成为受害者。你并不是注定要在"忙碌谬论"和"雄心刹车"之间做出两难的选择，你可以追求第三种方式。而且，你对你的未来有决定权；你可以选择在人生中任何未被关注，或者需求不足的领域加以改善。现在是确定自己想去哪里，并在双赢道路上逐步采取措施的最佳时机。

　　作为人类，我们有权决定我们的遗产。我们可以决定让后人如何想起自己。但这不是一个单一选择，而是一系列选择。凡事不求诸己，而是一味责怪我们的环境或其他人——即使他们负有部分甚至几乎全部责任——只会让我们把自己变成受害者。这种心态剥夺了我们的自由，使我们陷入困境。拨正人生的航向，并让你的人生更有价值，永远都为时不晚。

　　你在成就卓越的职位上不知所措吗？你是否正在从事你讨厌的工作？你过着整天都能感受到手机的嗡嗡声，连周末也没有片刻安宁的生活吗？你是工作狂，因为过度工作崇拜而忽视了家人吗？你选择把健康优先秩序排在后面，因而使自己的身体状态不佳或生病了吗？你是不是缺乏深厚的、有意义的友谊？你是自己孩子的陌生人吗？你的配偶是否考虑过离婚？

> **我们无法选择发生在我们身上的事情，但我们可以选择自己的应对方式。**

你在阅读这些词句时，无论在哪些词句中发现自己，都不必停留在那种状态。我们要掌握自己的具体情况，并根据这种情况做出负责的选择。只有这样，你才能开始创造、体验并享受不同的未来。

迈克尔

我有一段很好的亲身经历，可以用来说明，只要致力于双赢，改变就是可能的。盖尔和我现在每年夏天都会休 30 天假，我们称其为年度休假。我做了一个决定，就是要全身心地投入假期。我们完全断开了和业务的联系。与我们从前的操作方式不同，我不会收到电子邮件，也不会往外打电话。

在这个特定的夏天，我们去了怀俄明州的杰克逊市。远足、飞

钓、呼吸新鲜的山间空气，并睡了几个星期的懒觉。我们的活力得
到了极大的恢复。在我们离开前的最后一个晚上，盖尔对我说："我
想明天早点起来，看日出。"我们一直在睡懒觉，所以我们甚至没
有观赏过太阳升起时，天空那一角灿烂的朝霞。

我说："我们什么时候起床？"

她笑了："我们凌晨四点要准时到达那里。"

你一定是在跟我开玩笑，我想。不过，这时候她才是领队，我
只不过是一名旅行团成员，于是说："好吧，亲爱的，那就这样定了。"

第二天一大早，当闹钟响起的时候，我很想按下贪睡键。如果
我这样做了，我会错过一次难得的经历。在起床喝了一杯浓咖啡之
后，我们驱车前往珍妮湖（Jenny Lake），乘渡轮到西码头，然后
爬上一处叫作"灵感点"的高地。

我们到达山顶，坐在一块岩石上，淹没在珍妮湖畔的壮丽景色
里。太阳出来了，平静的湖面像镜子一般反射着清晨明亮的阳光和
通红的朝霞，湖面上玻璃般的蓝粉色水面倒映着群山，像是一幅立
体的山水画。在冰川雕琢的湖面边缘之外，我们看到了杰克逊霍尔
市的全景。我们所在的位置，可以眺望由三座12000英尺以上的山

峰（蒂维诺特峰、欧文山和大提顿峰）组成的卡西德勒尔组峰。它们的岩层围住湖面，像是雄伟的画框。

沉默了几分钟后，盖尔转过头对我说："亲爱的，非常感谢你让这一切成为可能，谢谢你今天一早起来。"她握住我的手，继续说，"最重要的是，感谢你把我作为优先事项。我感到被爱，我很感激你，也很感激上帝给我机会，让我们今天一起坐在这里。"

与我在本书开始时分享的对话相比，这是完全不同的对话。如果你还记得，20年前，盖尔透过泪水告诉我，她觉得自己无望无助、不知所措，像个单亲妈妈。到今天，我们已经走了很长一段路。虽然我们的生活并非完美无瑕，但是，由于我们选择离开"跑步机"，并选择了通往双赢的道路，因此它已经有了实质性的改进。

当我们的想象力不足时，过度工作的狂热就兴旺起来；当我们设想双赢时，双赢就会出现。鉴于此，你要为自己设想一种不同的模式。想象一下，有一天你的业务呈指数增长，但是却不用你在工作上花费更多的时间，实际上，你的工作时间反而更少，你能看见这个景象吗？感觉怎么样？

　　想象一下，有一天你可以抽出时间休假，完全不插电整整一个月，还确信在办公室里不会有什么重要的事项会漏掉。感觉如何？压力开始消失了吗？

　　现在，想象一下你在工作中成为赢家，并在生活中取得成功的一天——你在你梦想的事业中蓬勃发展，同时享受你一直想要的生活的那一天。记住，你不可能靠随波逐流，漂到那个目的地，你必须设计它，并且努力向它航行。好的愿景还远远不够，你要想一想，你需要做出哪些决定，才能收获理想的硕果。

　　为什么不先告别在"跑步机"上疯狂的奔跑呢？为什么不把今天作为改变工作和生活轨迹的日子呢？不要按下贪睡按钮，开始迈向双赢的大道吧。我们可以向你保证，景色非常壮观。

致 谢

　　哲学家玛丽·米德利（Mary Midgley）曾说过，写作一本书就像"蚂蚁过马路"。无论你已经做了多少次，这仍然是一项艰巨的任务。过马路之前，我们学到的一件事是，你只有在别人的帮助下才能做到这一点，所有这些人都值得我们感谢。

迈克尔

　　我和我的妻子盖尔一起开始写这本书，而她是首先要表示感谢的最佳人选。40多年来，盖尔一直在鼓励和支持我。没有她，我不可能做我所做的事情。

　　写这本书的主要动力和率先实现双赢的动力：家庭。也就是盖尔和我的女儿们：梅根、明迪、玛丽、玛德琳和玛丽莎。

梅根

我要感谢我的丈夫乔尔。生活是两个人的工作，我无法想象没有他会是什么情况。

没有乔尔，我们可能都没法完成这本书。乔尔是一个真正的天才，他总是接受我们的想法，并帮助我们充分发挥潜力。如果没有他的专业指导，这本书就不会是现在这个样子。

所以在此，我要感谢的家庭成员就是乔尔和菲昂、费利西蒂、摩西、约拿和拿俄米。

我们感谢鲍勃·德莫斯的工作，他帮助形成稿件初稿，并采访了美国著名的"大数据"公司。我们的几个商业加速器（Business Accelerator）培训客户，以及我们的客户蒂芙尼·贝利、罗伊·巴贝里、保罗·比斯彭、凯尔·库尔博罗、坦尼娅·迪萨沃、塔玛拉·莫斯利、克里斯·尼迈耶和艾米·温妮，谢谢你们如此慷慨地分享你们的故事。我们所有的商业加速器客户，都值得在这里一起呼喊：我们正在一起过这条马路。

我们在迈克尔凯悦公司的团队也是如此：考特尼·贝克、维姬·比尔曼、迈克·博伊尔、苏珊·考德威尔、查德·坎农、奥拉·科尔、阿莱西亚·库里、米歇尔·库沙特、特雷·杜纳文特、安娜·爱德华兹、安德鲁·福克尔、娜塔莉·福克尔、艾米·富奇、梅根·格里尔、杰米·赫斯、布伦特·海伊、亚当·希尔、玛丽莎·海亚特、吉姆·凯利、伊丽莎白·林奇、莎拉·麦克罗伊、蕾妮·墨菲、艾琳·佩里、约翰尼·普尔、查莱·普莱斯、泰莎·罗伯特、丹妮尔·罗杰斯、戴德拉·罗梅罗、凯瑟琳·罗利、尼尔·萨穆德、贾罗德·苏扎、布莱克·斯特拉顿、埃米·坦克、丽贝卡·特纳、汉娜·威廉姆森、劳伦斯·威尔逊、凯尔·怀利和戴夫·扬科维亚克。

非常感谢我们的出版团队、我们的代理和亲爱的朋友——Alive传媒和通信公司的布莱恩·诺曼，贝克出版集团的每个人——德怀特·贝克、布莱恩·沃斯、马克·赖斯、帕蒂·布林克斯和巴布·巴恩斯（应该是业内最有耐心的编辑）。

对我们来说，我们还应该提到几位领导者。从我们的专业导师开始：丹尼尔·哈卡维、丹·穆布、伊琳·穆伊辛和丹·沙利文。除此之外，我们还从无数作家、思想家、朋友和其他人那里获益：斯蒂芬·科维、伊恩·克罗恩、杰森·弗里德、夏琳·约翰逊、帕特里克·伦乔尼、吉姆·勒尔、约翰·麦克斯韦尔、斯图·麦克拉伦、布莱恩和香农·迈尔斯、丹·米勒、卡尔·纽波特、亚历克斯·苏琼－金·庞、布里吉德·舒尔特、托尼·施瓦茨、安迪·斯坦利和其他许多人。

第二个推动力是我们的团队、客户和顾客。我们希望你们每个人都能实现双赢。

好了，就到这儿吧。希望这本书可以为你的人生提供帮助。

注　释

PART 1　低效率的努力换不来高质量的生活

1. Rushworth M.Kidder, *How Good People Make Tough Choices*, rev. ed.(New York: Harper, 2009), 6.

2. Ann Burnett, as quoted in Brigid Schulte, *Overwhelmed* (New York: Picador, 2015), 45.

3. Andy Stanley, *The Principle of the Path* (Nashville: Thomas Nelson, 2008), 15.

4. Milja Milenkovic, "42 Worrying Workplace Stress Statistics,"American Institute of Stress, September 23, 2019, https://www.stress.org/42-worrying-workplace-stress-statistics.

5. Patrick J. Sherrett, "Don't Overwork Your Brain,"*Harvard Business Review*, October 27, 2009, https://hbr.org/2009/10/dont-overwork-your-brain.

6. John Ross, "Only the Overworked Die Young," Harvard Health Publishing, December 14, 2015, https://www.health.harvard.edu/blog/only-the-overworked-die-young-201512148815.

7. "Workplace Stress Continues to Mount," kornferry.com, n.d.,

https://www.kornferry.com/insights/articles/workplace-stress-motivation.

8. Meg Cadaoux Hirshber, "Why So Many Entrepreneurs Get Divorced," *Inc.*, November 1, 2010, https://www.inc.com/magazine/20101101/why-so-many-entrepreneurs-get-divorced.html;

Sylvia Smith, "Should Entrepreneur Divorce Rate Scare You," Marriage.com, September 12, 2017, https://www.marriage.com/blog/marriage-and-entrepreneurs/should-entrepreneur-divorcerate-scare-you;

Chirag Kulkarni, "The Toughest Job an Entrepreneur Has Is to Keep Their Marriage Together," HuffPost.com, September 13, 2017, https://www.huffpost.com/entry/the-toughest-job-an-entrepreneur-has-is-to-keep-their_b_59b97a37e4b02c642e4a1352.

9. Jeanne Sahadi, "Being CEO Can Kill a Marriage. Here's How to Prevent That," CNN Business, July 25, 2018, https://www.cnn.com/2018/09/30/success/ceo-marriage/index.html.

10. Emma Seppala and Julia Moeller, "1 in 5 Employees Is Highly Engaged and At Risk of Burnout," *Harvard Business Review*, February 2, 2018, https://hbr.org/2018/02/1-in-5-highlyengaged-employees-is-at-risk-of-burnout.

11. Ron Carucci, "Stress Leads to Bad Decisions. Here's How to Avoid Them," *Harvard Business Review*, August 29, 2017, https://hbr.org/2017/08/stress-leads-to-bad-decisions-heres-how-to-avoid-them.

12. Bryan Caplan, "The Idea Trap," EconLog, November 1, 2004,

https://www.econlib.org/library/Columns/y2004/Caplanidea.html.

13. Bryan Caplan, "The Idea Trap."

PART 2　工作越高效的人越擅长调剂生活

1. Mihaly Csikszentmihalyi, *Flow* (New York: Harper, 1991),143.

2. Daniel McGinn and Sarah Higgins, "One CEO's Approach to Managing His Calendar," *Harvard Business Review*, July 2018, https://hbr.org/2018/07/one-ceos-approach-to-managing-his-calendar.

3. Yoon Ja-young, "Smartphones Leading to 11 Hours' Extra Work a Week," *Korean Times*, September 2016, http://www.koreatimes.co.kr/www/news/nation/2016/09/488_207632.html.

4. Jennifer J. Deal, "Always On, Never Done?" Center for Creative Leadership, 2015, https://cclinnovation.org/wp-content/uploads/2020/02/alwayson.pdf.

5. Derek Thompson, "Are We Truly Overworked? An Investigation—in 6 Charts," *Atlantic*, June 2013, https://www.theatlantic.com/magazine/archive/2013/06/are-we-truly-overworked/309321.

6. John Maynard Keynes, "Economic Possibilities for Our Grandchildren" (1930), in Lorenzo Pecchi and Gustavo Piga, eds., *Revisiting Keynes* (Cambridge: MIT Press, 2008), 23.

7. Bertrand Russell, "In Praise of Idleness," *Harper's*, October 1932, https://harpers.org/archive/1932/10/in-praise-of-idleness;

A. J. Veal, *Whatever Happened to the Leisure Society?* (New York:Routledge, 2019), 79.

8. Quoted in A. J. Veal, *Whatever Happened*, 86.

9. Rutger Bregman, *Utopia for Realists* (New York: Back Bay, 2017), 134.

10. "The Futurists: Looking Toward A.D. 2000," *Time*, February 25, 1966, http://content.time.com/time/subscriber/article/0,33009,835128-1,00.html.

11. The company was later purchased by and absorbed into Thomas Nelson, as one of its trade imprints. Today it goes by the name W Publishing. Nelson itself was later bought by HarperCollins.

12. Ryan Avent, "Why Do We Work So Hard?" *1843*, April/May 2016, https://www.1843magazine.com/features/why-do-we-work-so-hard.

13. Ryan Avent, "Why Do We Work So Hard?"

14. Ryan Avent, "Why Do We Work So Hard?"

15. Edmund S. Phelps, "Corporatism and Keynes," in Lorenzo Pecchi and Gustavo Piga, eds., *Revisiting Keynes* (Cambridge: MIT Press, 2008), 101.

16. Alain de Botton, *The Pleasures and Sorrows of Work* (New York:Pantheon, 2009), 30.

17. Mihaly Csikszentmihalyi, *Finding Flow* (New York: Basic Books,1997), 30–32.

18. Mihaly Csikszentmihalyi, *Finding Flow*, 31.

19. Mihaly Csikszentmihalyi, *Finding Flow*, 49.

20. Mihaly Csikszentmihalyi, *Flow*, 158.

21. Mihaly Csikszentmihalyi, *Flow*, 159.

22. While people experience flow about half their working hours, Csikszentmihalyi's studies show they experience it only 18 percent during leisure activities. They find work more engaging, more challenging than their chosen leisure activities.

23. Mihaly Csikszentmihalyi, *Flow*, 159.

24. Tim Kreider, "The 'Busy Trap,'" *New York Times*, June 30, 2012, https://opinionator.blogs.nytimes.com/2012/06/30/the-busytrap.

25. Florence King, "Misanthrope's Corner," *National Review*, May 2001.

26. Silvia Bellezza et al., "Conspicuous Consumption of Time: When Busyness and Lack of Leisure Time Become a Status Symbol," *Journal of Consumer Research* 44.1, June 2017, https://academic. oup.com/jcr/article/44/1/118/2736404.

27. Ann Burnett, as quoted in Brigid Schulte, *Overwhelmed*, 44–45.

28. Jack Welch, as quoted in Jody Miller and Matt Miller, "Get A Life!" *Fortune*, November 28, 2005, https://archive.fortune.com/ magazines/fortune/fortune_archive/2005/11/28/8361955/index. html.

29. David Steindl-Rast, *Essential Writings*, ed. Clare Hallward (Maryknoll: Orbis, 2016), 111.

30. Kieran Setiya, *Midlife: A Philosophical Guide* (Princeton:

Princeton University Press, 2017), 133–38.

31. Kieran Setiya, *Midlife*.David Kestenbaum, "Keynes Predicted We Would Be Working 15Hour Weeks. Why Was He So Wrong?" NPR, August 13, 2015, https://www.npr.org/2015/08/13/432122637/keynes-predicted-we-would-be-working-15-hour-weeks-why-was-he-so-wrong.

32. Bertrand Russell, "In Praise of Idleness."

PART 3　高效能人士的成功不止一面

1. Anne-Marie Slaughter, *Unfinished Business* (New York: Random House, 2016), *xvii*.

2. Michael J. Coren, "The Days and Nights of Elon Musk: How He Spends His Time at Work and Play," Quartz, June 8, 2017, https://qz.com/1000370/the-days-and-nights-of-elon-musk-how-hespends-his-time-at-work-and-play.

3. Neer Varshney, "Elon Musk Getting Richer Faster Than Any Other Billionaire This Year," Benzinga.com, February 3, 2020, https://www.benzinga.com/news/earnings/20/02/15243207/elon-muskgetting-richer-faster-than-any-other-billionaire-this-year.

4. Elon Musk, interview with Bambi Francisco Roizen, "Elon Musk: Work Twice as Hard as Others," Vator.TV, December 23, 2010, http://vator.tv/news/2010-12-23-elon-musk-work-twice-as-hard-as-others.

5. Elon Musk, interview with Roizen.

6. Ryan Nagelhout, *Elon Musk: Space Entrepreneur* (New York: Lucent Press, 2017), 46.

7. Elien Blue Becque, "Elon Musk Wants to Die on Mars," VanityFair.com, March 10, 2013, https://www.vanityfair.com/news/tech/2013/03/elon-musk-die-mars?verso=true.

8. Elien Blue Becque, "Elon Musk Wants to Die on Mars."

9. Zameena Mejia, "Elon Musk Sleeps Under His Desk, Even After a YouTube Star Raised $9,000 to Buy Him a Couch," CNBC.com, July 2, 2018, https://www.cnbc.com/2018/06/29/elon-musk-sleeps-under-a-desk-even-after-youtuber-crowdfunded-a-couch.html.

10. Michael J. Coren, "Days and Nights of Elon Musk."

11. Sarah Gray, "A Shocking Percentage of Americans Don't Exercise Enough, CDC Says," Fortune.com, June 28, 2018, https://fortune.com/2018/06/28/americans-do-not-exercise-enough-cdc/.

12. Julia Horowitz, "Americans Gave Up Half of Their Vacation Days Last Year," *CNN Money*, May 25, 2017, https://money.cnn.com/2017/05/24/news/vacation-days-unused/index.html;

    Jessica Dickler, "Many US Workers Are Going to Lose Half Their Vacation Time This Year," CNBC, November 20, 2018, https://www.cnbc.com/2018/11/20/us-workers-to-forfeit-half-their-vacation-time-this-year.html.

13. Tara Kelly, "80 Percent of Americans Spend an Extra Day a Week Working After Hours, New Survey Says," Huffpost.com, July 7, 2012, https://www.huffpost.com/entry/americans-work-after-hours-extra-day-a-week_n_1644527.

14. Amy Elisa Jackson, "We Just Can't Unplug: 2 in 3 Employees Report Working While on Vacation," Glassdoor.com, May 24, 2017, https://www.glassdoor.com/blog/vacation-realities-2017.

15. Steven E. Landsburg, "The Theory of the Leisure Class," *Slate*, March 9, 2007, https://slate.com/culture/2007/03/an-economic-mystery-why-do-the-poor-seem-to-have-more-free-time-than-the-rich.html.

16. Robert Frank, "The Workaholic Rich," *Wall Street Journal*, March 21, 2007, https://blogs.wsj.com/wealth/2007/03/21/the-workaholic-rich.

17. Derek Thompson "Workism Is Making Americans Miserable," *Atlantic*, February 24, 2019, https://www.theatlantic.com/ideas/archive/2019/02/religion-workism-making-americans-miserable/583441.

18. Charles E. Hummel, *Tyranny of the Urgent,* rev. ed. (Downers Grove, IL: InterVarsity Press, 1967), 4.

19. Richard Brookhiser, *George Washington on Leadership* (New York: BasicBooks, 2008), 167.

20. Amy Jen Su, "6 Ways to Weave Self-Care into Your Workday," *Harvard Business Review*, June 19, 2017, https://hbr.org/2017/06/6-ways-to-weave-self-care-into-your-workday.

21. Marcus E. Raichle and Debra A. Gusnard, "Appraising the Brain's Energy Budget," National Institutes of Health, August 6, 2002, https://www.ncbi.nlm.nih.gov/pmc/articles/PMC124895/.

22. Eva Selhub, "Nutritional Psychiatry: Your Brain on Food," *Harvard*

Health Publishing, April 5, 2018, https://www.health.harvard.edu/blog/nutritional-psychiatry-your-brain-on-food-201511168626.

23. Sama F. Sleiman, "Exercise Promotes the Expression of Brain Derived Neurotrophic Factor (BDNF) through the Action of the Ketone Body β-Hydroxybutyrate," National Institutes of Health, June 2, 2016, https://www.ncbi.nlm.nih.gov/pmc/articles/PMC4915811/.

24. David DiSalvo, "Why Exercising Your Legs Could Result in a Healthier Brain," *Forbes*, May 27, 2018, https://www.forbes.com/sites/daviddisalvo/2018/05/27/why-exercising-your-legs-could-result-in-a-healthier-brain/#61cbbd345235.

25. Ari Hyytinen and Jukka Lahtonen, "The Effect of Physical Activity on Long-Term Income," ScienceDirect.com, *Social Science & Medicine*, Vol. 96, November 2013, https://www.sciencedirect.com/science/article/abs/pii/S0277953613004188.

26. David Whyte, *Consolations* (Langley, WA: Many Rivers, 2015), 182.

27. Anne Fishel, "The Most Important Thing You Can Do with Your Kids? Eat Dinner with Them," *Washington Post*, January 12, 2015, https://www.washingtonpost.com/posteverything/wp/2015/01/12/the-most-important-thing-you-can-do-with-your-kids-eat-dinner-with-them/.

28. Bronnie Ware, as quoted in Susie Steiner, "Top Five Regrets of the Dying," *Guardian*, February 1, 2012, https://www.theguardian.com/lifeandstyle/2012/feb/01/top-five-regrets-of-the-dying.

29. Bronnie Ware, as quoted in Steiner, "Top Five Regrets."

PART 4　约束力有助于高效的自我管理

1. Robert Keegan, *In Over Our Heads* (Cambridge: Harvard University Press, 1994), 154.

2. Kathleen Elkins, "Self-Made Millionaires Agree on How Many Hours You Should Be Working to Succeed," CNBC Make It, June 15, 2017, https://www.cnbc.com/2017/06/15/self-made-millionaires-agree-on-how-many-hours-you-should-be-working.html.

3. C. Northcote Parkinson, *Parkinson's Law* (Boston: Houghton Mifflin, 1957), 2.

4. Tonya Dalton, "How Many Hours Do You Really Need to Work Each Week to Be Productive?" *Fast Company*, June 25, 2019, https://www.fastcompany.com/90368052/how-many-hours-should-you-work-each-week-to-be-productive.

5. Erin Reid, as quoted in Sarah Green Carmichael, "The Research Is Clear: Long Hours Backfire for People and for Companies," *Harvard Business Review Ascend*, August 19, 2015, https://hbr.org/2015/08/the-research-is-clear-long-hours-backfire-for-people-and-for-companies.

6. Sara Robinson, "Why We Have to Go Back to a 40-Hour Work Week to Keep Our Sanity," AlterNet.org, March 13, 2012, https://www.alternet.org/2012/03/why-we-have-to-go-back-to-a-40-hour-work-week-to-keep-our-sanity.

7. Brigid Schulte, *Overwhelmed*, 139.

8. Keegan, *In Over Our Heads*, 154 (emphasis in original).

9. Keegan, *In Over Our Heads*, 152–53.

10. Phil Hansen, "Embrace the Shake," TED, February 2013, https://www.ted.com/talks/phil-hansen-embrace-the-shake.

11. Phil Hansen, "Embrace the Shake."

12. Phil Hansen, "Embrace the Shake."

13. Oguz A. Acar et al., "Why Constraints Are Good for Innovation," *Harvard Business Review*, November 22, 2019, https://hbr.org/2019/11/why-constraints-are-good-for-innovation.

14. Oguz A. Acar et al., "Why Constraints Are Good for Innovation."

15. Catrinel Haught-Tromp, as quoted in Tom Jacobs, "Constraints Can Be A Catalyst For Creativity," *Pacific Standard*, June 14, 2017, https://psmag.com/news/constraints-can-be-a-catalyst-for-creativity.

16. Alex Soojung-Kim Pang, *Shorter* (New York: Public Affairs, 2020), 177–79.

17. Alex Soojung-Kim Pang, *Shorter*, 208.

18. Alex Soojung-Kim Pang, *Shorter*.

19. Warren Buffett, as quoted in Amy Blaschka, "This Is Why Saying 'No' Is The Best Way To Grow Your Career—And How To Do It," *Forbes*, November 26, 2019, https://www.forbes.com/sites/amyblaschka/2019/11/26/this-is-why-saying-no-is-the-best-way-to-grow-your-career-and-how-to-do-it/#3355469479da.

PART 5　让高效努力完美匹配你的期望

1.　Richard Sheridan, as quoted in Brigid Schulte, *Overwhelmed*, 124.

2.　Steve Farber, "Why Work-Life Balance Is a Lie, and What Should Take Its Place," Inc.com, September 26, 2018, https://www.inc.com/stevefarber/work-life-balance-is-a-lie-heres-what-should-take-its-place.html.

3.　Hosea Chang, "The Myth of Work-Life Balance," *Forbes*, January 3, 2019, https://www.forbes.com/sites/forbeslacouncil/2019/01/03/the-myth-of-work-life-balance/#4f2606443727.

4.　Teresa Taylor, "Dispelling the Work-Life Balance Myth in Three Steps," *Huffington Post*, December 3, 2015, https://www.huffpost.com/entry/work-life-balance-myth_b_8085338.

5.　Maria Popova, "Why We Lost Leisure: David Steindl-Rast on Purposeful Work, Play, and How to Find Meaning in the Magnificent Superfluities of Life," Brain Pickings, December 12, 2014, https://www.brainpickings.org/2014/12/22/david-steindl-rast-leisure-gratefulness.

6.　Martha Stewart, as quoted in Jessica Lutz, "It's Time to Kill the Fantasy That Is Work-Life Balance," *Forbes*, January 11, 2018, https://www.forbes.com/sites/jessicalutz/2018/01/11/its-time-to-kill-the-fantasy-that-is-work-life-balance/#60d99f3970a1.

7.　Walter Isaacson, *Einstein* (New York: Simon and Schuster, 2008), 367.

8.　Myra Strober, *Sharing the Work* (Cambridge: MIT Press, 2016), 217.

9. Dick Costolo, as quoted in Pete Leibman, "A Fit CEO Is an Effective CEO: Why Leaders Need to Make Time for Exercise," Salon.com, September 9, 2018, https://www.salon.com/2018/09/09/a-fit-ceo-is-an-effective-ceo-why-leaders-need-to-make-time-for-exercise/.

10. Claire M. Kamp Dush et al., "Marital Happiness and Psychological Well-Being Across the Life Course," National Institutes of Health, May 10, 2013, https://www.ncbi.nlm.nih.gov/pmc/articles/PMC3650717/#R28;

    Hyoun K. Kim and Patrick C. McKenry, "The Relationship Between Marriage and Psychological Well-Being: A Longitudinal Analysis," *Journal of Family Issues*, November 1, 2002, https://journals.sagepub.com/doi/abs/10.1177/019251302237296.

11. Aristotle, as quoted in Meg Meeker, *Raising a Strong Daughter in a Toxic Culture: 11 Steps to Keep Her Happy and Safe* (Washington, DC: Regnery Publishing, 2019), 11.

12. Mayo Clinic Staff, "Friendships: Enrich Your Life and Improve Your Health," MayoClinic.org, August 24, 2019, https://www.mayoclinic.org/healthy-lifestyle/adult-health/in-depth/friendships/art-20044860.

13. "A New Happiness Equation: Worker + Happiness = Improved Productivity," Bulletin of the Economics Research Institute, October 3, 2009, https://warwick.ac.uk/fac/soc/economics/research/centres/eri/bulletin/2009-10-3/ops/.

14. Jennifer Goldman-Wetzler, *Optimal Outcomes* (New York: Harper Business, 2020), 4.

15. Juliana Menasce Horowitz, "Despite Challenges at Home and

Work, Most Working Moms and Dads Say Being Employed Is What's Best for Them," Pew Research Center, September 12, 2019, https://www.pewresearch.org/fact-tank/2019/09/12/despite-challenges-at-home-and-work-most-working-moms-and-dads-say-being-employed-is-whats-best-for-them/.

16. Eileen Patten, "How American Parents Balance Work and Family Life When Both Work," Pew Research Center, November 4, 2015, https://www.pewresearch.org/fact-tank/2015/11/04/how-american-parents-balance-work-and-family-life-when-both-work/.

17. Juliana Menasce Horowitz, "Who Does More at Home When Both Parents Work? Depends on Which One You Ask," Pew Research Center, November 5, 2015, https://www.pewresearch.org/fact-tank/2015/11/05/who-does-more-at-home-when-both-parents-work-depends-on-which-one-you-ask/.

18. Brigid Schulte, *Overwhelmed*, 238–39. See also chap. 2, "Leisure Is for Nuns."

19. Brigid Schulte, *Overwhelmed*, 165.

20. Michelle P. King, *The Fix* (New York: Atria, 2020), 24–27; Brigid Schulte, *Overwhelmed*, 71–96.

21. Melanie Healey, as quoted in Joann S. Lubin, *Earning It* (New York: HarperBusiness, 2016), 142–43.

22. Judith Shulevitz, "Why Don't I See You Anymore?" *Atlantic*, November 2019.

PART 6　用适当暂停激发高效思考

1. Robert Poynton, *Do Pause* (London: Do Book Co., 2019). The epigraph is from the subtitle of the book.

2. J.K. Rowling, as quoted in Stylist Team, "The Big Idea: Bestselling Authors Reveal the Creative Secrets and Inspirations behind Their Greatest Books," Stylist.co, https://www.stylist.co.uk/books/famous-authors-reveal-the-ideas-and-inspiration-behind-their-best-selling-books-stories-creative-writing-influences/127082.

3. Amy Watson, "Number of the Harry Potter Books Sold in the United States and Worldwide as of August 2018," Statista.com, September 12, 2019, https://www.statista.com/statistics/589978/harrypotter-book-sales;

   "J.K. Rowling's 'Harry Potter' Translated to Scots, Marking 80th Language," NPR.org, November 23, 2017, https://www.npr.org/2017/11/23/566283284/j-k-rowlings-harry-potter-translated-to-scots-marking-80th-language;

   David Lieberman, "Harry Potter Inc: Warner Bros' $21B Empire," Deadline.com, July 13, 2011, https://deadline.com/2011/07/harry-potter-inc-warner-bros-21b-empire-146754;

   Emma Jacobs, "How JK Rowling Built a $25bn Business," *Financial Times*, June 26, 2017, https://www.ft.com/content/a24a70a6-55a9-11e7-9fed-c19e2700005f.

4. Judith Shulevitz, "Why Don't I See You Anymore?"

5. Kevin J. Ryan, "A Day in the Life: Bayard Winthrop, 2/22/18," *Inc.*, May 2018, https://www.inc.com/magazine/201805/kevin-j-ryan/bayard-winthrop-american-giant-daily-routine.html.

6. "Work Email Onslaught: Staff Have Nowhere to Hide, US Study Finds," GFI Software, June 24, 2015, https://www.gfi.nl/company/press/2015/06/work-email-onslaught-staff-have-nowhere-to-hide-us-study-finds;

   Reference to time-diary studies comes from Judith Shulevitz, "Why Don't I See You Anymore?"

7. Adam Waytz, "Leisure Is Our Killer App," *MIT Sloan Management Review*, Summer 2019, https://sloanreview.mit.edu/article/leisure-is-our-killer-app/.

8. Mihaly Csikszentmihalyi, *Creativity* (New York: Harper, 2013), 353–54.

9. Tim Kreider, "The 'Busy' Trap."

10. Steven Johnson, *Where Good Ideas Come From* (New York: Penguin, 2011).

11. Daniel H. Pink, *Drive: The Surprising Truth About What Motivates Us* (New York: Riverhead Books, 2009), 94.

12. Alec Proudfoot, as quoted in Erin Hayes, "Google's 20 Percent Factor," ABC News, May 12, 2008, https://abcnews.go.com/Technology/story?id=4839327&page=1.

13. Adam Robinson, "Want to Boost Your Bottom Line? Encourage Your Employees to Work on Side Projects," Inc.com, March 12, 2018, https://www.inc.com/adam-robinson/google-employees-

dedicate-20-percent-of-their-time-to-side-projects-heres-how-it-works.html.

14. Matthew Warren, "Spending More Time on Your Hobbies Can Boost Confidence at Work—If They Are Sufficiently Different from Your Job," Research Digest, October 7, 2019, https://digest.bps.org.uk/2019/10/07/spending-more-time-on-your-hobbies-can-boost-confidence-at-work-if-they-are-sufficiently-different-from-your-job/.

15. Kevin Eschleman, as quoted in Jessica Stillman, "How Your Hobbies Impact Your Work Performance," Inc.com, May 6, 2014, https://www.inc.com/jessica-stillman/how-your-hobbies-effect-work-performance.html.

16. Michael E. Hopkins et al., "Differential Effects of Acute and Regular Physical Exercise on Cognition and Affect," US National Library of Medicine, National Institutes of Health, July 26, 2012, https://www.ncbi.nlm.nih.gov/pmc/articles/PMC3374855/.

17. Julia Ryan, "Study: Reading a Novel Changes Your Brain," *Atlantic*, January 9, 2014, https://www.theatlantic.com/education/archive/2014/01/study-reading-a-novel-changes-your-brain/282952/.

18. Viorica Marian and Anthony Shook, "The Cognitive Benefits of Being Bilingual," Cerebrum, US National Library of Medicine, National Institutes of Health, September–October 2012, https://www.ncbi.nlm.nih.gov/pmc/articles/PMC3583091/.

19. S. Kün et al., "Playing Super Mario Induces Structural Brain Plasticity: Gray Matter Changes Resulting from Training with

a Commercial Video Game," US National Library of Medicine, National Institutes of Health, February 19, 2014, https://www.ncbi.nlm.nih.gov/pubmed/24166407.

20. Nancy Fliesler, "Does Musical Training Help Kids Do Better in School?" *Boston Children's Hospital Vector*, June 19, 2014, https://vector.childrenshospital.org/2014/06/does-musical-training-help-kids-do-better-in-school.

21. Perimeter Institute, "What Great Scientists Did When They Weren't Doing Great Science: Even the Most Brilliant Minds Need to Unwind," InsideThePerimeter.ca, July 16, 2014, https://insidetheperimeter.ca/what-great-scientists-did-when-they-werent-doing-great-science.

22. Terry Teachout, *The Skeptic* (New York: Harper, 2003), 169–72;

Frederick N. Rasmussen, "Mencken, The Musical: The Sage's Other Side," *Baltimore Sun*, September 1, 2007, https://www.baltimoresun.com/news/bs-xpm-2007-09-01-0709010298-story.html.

PART 7 用优质睡眠打败低效努力

1. C. S. Lewis, *The Silver Chair* (New York: Harper, 2004), 571.

2. Connor M. Sheehan et al., "Are U.S. Adults Reporting Less Sleep? Findings from Sleep Duration Trends in the National Health Interview Survey, 2004-2017," *Sleep* 42.2, February 2019, https://academic.oup.com/sleep/article-abstract/42/2/zsy221/5185637;

Diane S. Lauderdale et al., "Objectively Measured Sleep Characteristics among Early-Middle-Aged Adults: The CARDIA Study," *American Journal of Epidemiology* 164.1, July 1, 2006, https://academic.oup.com/aje/article/164/1/5/81104.

3.　A. M. Williamon and Anne-Marie Feyer, "Moderate Sleep Deprivation Produces Impairments in Cognitive and Motor Performance Equivalent to Legally Prescribed Levels of Alcohol Intoxication," *Occupational and Environmental Medicine* 57.10, October 2000, https://www.ncbi.nlm.nih.gov/pmc/articles/PMC1739867/pdf/v057p00649.pdf.

4.　Tara Swart, as quoted in Katie Pisa, "Why Missing a Night of Sleep Can Damage Your IQ," CNN.com, April 20, 2015, https://www.cnn.com/2015/04/01/business/sleep-and-leadership/.

5.　Penelope A. Lewis, *The Secret World of Sleep* (New York: St. Martin's Press, 2013), 18.

6.　Yuval Nir et al., "Selective Neuronal Lapses Precede Human Cognitive Lapses Following Sleep Deprivation," *Natural Medicine* 23.12, November 6, 2017, https://www.ncbi.nlm.nih.gov/pmc/articles/PMC5720899.

7.　Nick van Dam and Els van der Helm, "The Organizational Cost of Insufficient Sleep," McKinsey Quarterly, February 1, 2016, https://www.mckinsey.com/business-functions/organization/our-insights/the-organizational-cost-of-insufficient-sleep.

8.　Robert Stickgold, as quoted in "Get Sleep: Steps You Can Take to Get Good Sleep and Improve Health, Work, and Life," Harvard Medical School, 2013, http://healthysleep.med.harvard.edu/needsleep/whats-in-it-for-you/judgment-safety.

9. Alex Soojung-Kim Pang, *Rest* (New York: Basic Books, 2018), 2.

10. David Dinges, as quoted by Tanya Basu, "CEOs Like PepsiCo's Indra Nooyi Brag They Get 4 Hours of Sleep. That's Toxic," *Daily Beast*, August 21, 2018, https://www.thedailybeast.com/ceos-like-pepsicos-indra-nooyi-brag-they-get-4-hours-of-sleep-thats-toxic.

11. Susan Wise Bauer, *The History of the Medieval World* (New York:Norton, 2010), 22.

12. Larry Alton, "Why Lack of Sleep Is Costing Us Billions of Dollars," NBC News, June 2, 2017, https://www.nbcnews.com/better/better/why-lack-sleep-costing-us-billions-dollars-ncna767571.

13. Michael Thomsen, "How Sleep Deprivation Drives the High Failure Rates of Tech Startups," *Forbes*, March 27, 2014, https://www.forbes.com/sites/michaelthomsen/2014/03/27/how-sleep-deprivation-drives-the-high-failure-rates-of-tech-startups;

Dan Lyons, "In Silicon Valley, Working 9 to 5 Is for Losers," *New York Times*, August 31, 2017, https://www.nytimes.com/2017/08/31/opinion/sunday/silicon-valley-work-life-balance-.html.

14. Dustin Moskovitz, as quoted in Marco della Cava, "Facebook CoFounder Moskovitz: Tech companies risk destroying employees' lives," *USA Today*, August 20, 2015, https://www.usatoday.com/story/tech/2015/08/20/facebook-co-founder-moskovitz-says-tech-industry-destroying-personal-lives/32084685/.

15. Ruth C. White, "Secret to a Better Brain, Younger Face and Longer Life," *Psychology Today*, November 16, 2011, https://www. psychologytoday.com/us/blog/culture-in-mind/201111/secret-better-brain-younger-face-and-longer-life.

16. Erin J. Wamsley and Robert Stickgold, "Memory, Sleep and Dreaming: Experiencing Consolidation," National Institutes of Health, March 1, 2011, https://www.ncbi.nlm.nih.gov/pmc/articles/PMC3079906/.

17. Tom Rath, *Eat Move Sleep: How Small Choices Lead to Big Changes* (Arlington, VA: Missionday, 2013), 154.

18. Peter Leithart, "Daily Sabbath," Theopolis Institute, YouTube video, 2:40, December 2, 2019, https://www.youtube.com/watch?v=zndktJOJprk.

19. Peter Leithart, "Daily Sabbath."

20. Sharpen Thinking Skills with a Better Night's Sleep," Harvard Health, March 2014, https://www.health.harvard.edu/mind-and-mood/sharpen-thinking-skills-with-a-better-nights-sleep.

21. Joshua J. Gooley et al., "Exposure to Room Light before Bedtime Suppresses Melatonin Onset and Shortens Melatonin Duration in Humans," *Journal of Clinical Endocrinology & Metabolism* 96, no. 3, March 1, 2011, E463–E472, https://doi.org/10.1210/jc.2010-2098.

22. Samantha Lauriello, "This Is the Best Temperature for Sleeping, According to Experts," Health.com, July 9, 2019, https://www.health.com/condition/sleep/best-temperature-for-sleeping.

23. Markham Heid, "5% of Americans Sleep with a 'Sound Conditioner'." Time.com, June 4, 2019.

24. Susie Neilson, "A Warm Bedtime Bath Can Help You Cool Down and Sleep Better," NPR.org, July 25, 2019, https://www.npr.org/sections/health-shots/2019/07/25/745010965/a-warm-bedtime-bath-can-help-you-cool-down-and-sleep-better.

25. Ana Sandoiu, "When's the Best Time to Take a Warm Bath for Better Sleep?" Medical News Today, July 22, 2019, https://www.medical-newstoday.com/articles/325818.

26. Kelly Glazer et al., "Orthosomnia: Are Some Patients Taking the Quantified Self Too Far?" *Journal of Clinical Sleep Medicine* 13.2, February 15, 2017, https://doi.org/10.5664/jcsm.6472.

27. Shannon Bond, "Losing Sleep Over the Quest for a Perfect Night's Rest," NPR Morning Edition, February 18, 2020, https://www.npr.org/2020/02/18/805291279/losing-sleep-over-the-quest-for-a-perfect-nights-rest.

28. L. J. Meltzer et al., "Comparison of a Commercial Accelerometer with Polysomnography and Actigraphy in Children and Adolescents," US National Library of Medicine, National Institutes of Health, August 1, 2015, https://www.ncbi.nlm.nih.gov/pubmed/26118555;

    Kelly Glazer et al., "Orthosomnia: Are Some Patients Taking the Quantified Self Too Far?"

PART 8　高效的执行力助你实现人生的双赢

1. Tara Brach, as quoted in Brigid Schulte, *Overwhelmed*, 277–78.

2. Anne Lamott, *Bird by Bird* (New York: Anchor, 2019), 105.

3. James Ullrich, "Corporate Stockholm Syndrome," *Psychology Today*, March 14, 2014, https://www.psychologytoday.com/us/blog/the-modern-time-crunch/201403/corporate-stockholm-syndrome.

4. Erin Reid and Lakshmi Ramarajan, "Managing the High-Intensity Workplace," *Harvard Business Review*, June 2016, https://hbr.org/2016/06/managing-the-high-intensity-workplace.

5. Erin Kelly and Phyllis Moen, "Fixing the Overload Problem at Work," *MIT Sloan Management Review*, April 27, 2020, https://sloanreview.mit.edu/article/fixing-the-overload-problem-at-work/.

6. Leslie A. Perlow, *Sleeping with Your Smartphone* (Boston: Harvard Business School Press, 2012), 7–8.

7. Alex Soojung-Kim Pang, *Shorter*.

图书在版编目（CIP）数据

高效能人生：平衡的法则 /（美）迈克尔·海亚特，（美）梅根·海亚特·米勒著；李佳杨译. — 武汉：长江出版社，2021.7
ISBN 978-7-5492-7829-9

Ⅰ.①高⋯ Ⅱ.①迈⋯ ②梅⋯ ③李⋯ Ⅲ.①效率—通俗读物 Ⅳ.① C934-49
中国版本图书馆 CIP 数据核字（2021）第 166221 号
著作权合同登记 图字：17-2021-219 号

高效能人生

迈克尔·海亚特　梅根·海亚特·米勒　著　李佳杨　译

出　版	长江出版社
	（武汉市解放大道 1863 号）
选题策划	王　飞
市场发行	长江出版社发行部
网　址	http://www.cjpress.com.cn
责任编辑	李　恒
特约编辑	王　飞
印　刷	三河市嘉科万达彩色印刷有限公司
版　次	2021 年 7 月第 1 版
印　次	2021 年 11 月第 1 次印刷
开　本	700mm×1000mm 1/16
印　张	16
字　数	160 千字
书　号	ISBN 978-7-5492-7829-9
定　价	48.00 元

版权所有 盗版必究（举报电话：027-82926804）
（如发现印装质量问题，请寄本社调换，电话 027-82926804）